Mary Dalton

… Mutter sein dagegen sehr!

HERDER spektrum

Band 4840

Das Buch

Morgens um sieben ist die Welt noch in Ordnung!? – Für Mary Dalton schon nicht mehr um sechs, und das am Samstag. Nicht helles Vogelgezwitscher oder fröhliche Kinderstimmen wecken sie, sondern: „Ich darf das Fernsehprogramm aussuchen!" – „Nein, Maria, ich war zuerst da!" – „Nein, warst du nicht, Joey!" – „War ich doch, Maria!" – „Du warst wirklich nicht zuerst, Joey" – „Du hältst dich da 'raus, John" – „Wieso denn?" – „Es geht nur Maria und mich was an." – „Und ich darf das Programm aussuchen, Joey" – „Darfst du nicht, Maria!" – „Okay, du Ochse!" – „Genau, du dämliches Huhn!" – „Du bist hier nicht der Boß!" ... Der Streit der Geschwister, der morgens beginnt, prägt den Tag ebenso wie die wütenden und hilflosen Reaktionen der Mutter. – Mary Dalton ist jung, frisch geschieden und mit ihren fünf Kindern, die sich in sehr kurzen Intervallen einstellten, als sie noch jünger und verheiratet war, ziemlich überfordert. Ihr netter, aber völlig unverantwortlicher Ex-Mann hat leider auch am Wochenende selten Zeit, sich um die Kinder zu kümmern. In die Arme dieses unbekümmerten Menschen war sie damals vor ihrer extrem autoritären Mutter geflohen: Heute bekommt sie von ihr per Telefon regelmäßig Vorwürfe, daß sie die Kinder nicht besser im Griff hat. – Mary Daltons Geschichte beginnt an diesem Tiefpunkt, und spannend, lebendig und mitreißend erzählt sie von den Schritten der unterdrückten Tochter und der überforderten, hilflosen und unglücklichen Ehefrau und Mutter zur Familienfrau, die ihren Weg – mit der Hilfe anderer – gefunden hat.

Die Wende in ihrem Leben und dem ihrer Kinder vollzieht sich mit einer Begegnung: Eine Freundin überredet sie, eine Veranstaltung des bekannten Familientherapeuten Rudolf Dreikurs zu besuchen. Dreikurs gibt ihr das Gefühl, mit ihren Problemen nicht allein zu sein, und bietet ihr konkrete Lösungsansätze, die sie aus der chaotischen, überfordernden Erziehungssituation herausführen. Mary setzt ihre Einsichten in die Tat um und erlebt dabei schnelle Erfolge, aber auch Rückschläge. Am Ende ist das Familienleben intensiv und von Offenheit und Solidarität geprägt, aus Streit und gegenseitigem Sich-Anschreien wird Gespräch und die Fähigkeit, Konflikte konstruktiv auszutragen und Verantwortung zu übernehmen.

Mary Daltons Buch ist keine oberflächliche Erfolgsstory. Sie beschreibt ihr Familienleben lebensnah, detailreich und meist in Dialogform, und man braucht keine fünf oder sechs Kinder zu haben, um sich mit den inneren und äußeren Kämpfen der Autorin identifizieren zu können. Dreikurs' Prinzipien sind einfach und überzeugend, sie fließen geradlinig in Mary Daltons Bericht ein und werden sehr anschaulich „vorgelebt". Das Buch ist spannend, macht Mut und überzeugt: in bezug auf das Dreikurs-Erziehungskonzept wie auch auf die Entwicklung, die Mary mit ihren Kindern durchmacht.

Die Autorin

Mary Dalton ist Autorin, Lehrerin und Pädagogin. Wenn sie nicht gerade ihre Kinder wegen der Veröffentlichung ihres Buches verrückt macht, unterrichtet sie am Columbia College in Chicago und hält amerikaweit Vorträge. Sie ist Mutter von sechs Kindern.

Mary Dalton

unter Mitarbeit von Anne Dalton

… Mutter sein dagegen sehr!

Eine Geschichte vom ganz normalen Familienchaos

Aus dem Amerikanischen
von Maria Buchwald

Herder

Freiburg · Basel · Wien

Gedruckt auf umweltfreundlichem,
chlorfrei gebleichtem Papier

2. Auflage

Alle Rechte vorbehalten – Printed in Germany
© Verlag Herder 2000
Titel der amerikanischen Originalausgabe:
It's Not in the Genes, © by Mary Dalton
Satz: Fotosetzerei G. Scheydecker, Freiburg im Breisgau
Herstellung: Freiburger Graphische Betriebe 2000
Umschlaggestaltung und Konzeption:
R·M·E München / Roland Eschlbeck, Liana Tuchel
Umschlagmotiv: © Tony Stone Bilderwelten
ISBN 3-451-04840-X

Inhalt

„Nicht schon wieder! Bitte Joey! Zwing mich doch nicht dazu, dich noch einmal zu verprügeln." Erschöpft zog ich Anthony zu mir heran und hielt ihn fest. „Laß mich mal deinen Arm anschauen. Das muß ja wirklich arg weh tun, mein Schatz! Mußt du immer so ein Rohling sein, Joey?" War ich nun die schreiende Verrückte geworden, als die mich meine Mutter immer bezeichnete? Überall in unserem kleinen Haus war meine Stimme zu hören. Wahrscheinlich auch draußen. Sicherlich bekamen auch unsere Nachbarn mit, daß ich die Kinder Tag für Tag anbrüllte. Anthonys große schwarze Augen schwammen in Tränen, die immer von den Spitzen seiner langen Wimpern zu tropfen schienen. Sein Gesicht hatte dieselbe Farbe wie sein langes, aufgekrempeltes rotes T-Shirt, wenn er so brüllte. Wie gewöhnlich wischte er sich Nase und Gesicht an seinen Ärmeln ab. Aus den Augenwinkeln heraus betrachtete ich Joey, seinen großen Bruder. Er stand da wie eine Statue, die Hände in den Hosentaschen, und hatte die kleine Stirn in Falten gelegt. Das einzige, was bei ihm nicht an der richtigen Stelle saß, war die Augenklappe, die er auf seinem linken Auge trug. Sie war an einem Brillenglas befestigt und sollte zur Kräftigung seines rechten Auges beitragen. Aber wie immer hatte er sie an einen Rand geschoben, damit er mit seinem „guten" Auge sehen konnte. Und ganz gleich, wie oft ich eine neue Augenklappe auf das Glas steckte, stets war sie innerhalb weniger Minuten schmutzig. Er dachte wohl, ich würde nicht merken, daß er sie verschob. „Siehst du das, Mami?" Wieder zeigte Anthony auf die Stelle, auf die Joey ihm einen Schlag versetzt hatte. Ich nahm Anthony in den Arm und küßte ihn, während er die Nase hochzog. Er schaute mich mit dem flehentlichen Blick an, der mir immer so ans Herz ging. „Komm her, Joey", sagte ich streng.

Er kam schmollend näher, seine Augen waren auf meine Hand gerichtet, mit der ich ihn gewöhnlich verprügelte. Ich packte ihn grob am linken Arm und wirbelte ihn herum, um ihm ein paar Hiebe zu verpassen, aber er zappelte so wild hin und her, daß ich ihn kaum traf. „Du bist ein solcher Rohling. Mußt du deinen Bruder immer schlagen? Ich habe das so unendlich satt. Du bist der Ältere und solltest ein gutes Vorbild sein. Warum bist du dauernd so gemein zu ihm?" Ich gab ihm noch ein paar Hiebe. „Geh jetzt in dein Zimmer und bleib ja dort!" Er rannte zur Treppe und lief so schnell er konnte hinauf. „Du Rohling! Du schrecklicher Rohling!" brüllte ich hinter ihm her, wie von der Tarantel gestochen. Plötzlich schoß mir eine Frage durch den Kopf: War ich besonders schnell wütend auf Joey, weil er das Lieblingskind seines Vaters war? Ein unangenehmer Gedanke. Was war, wenn auch ich anfing, Lieblingskinder zu haben – wie meine Mutter? Bis zum heutigen Tage übernachtete sie niemals im Haus meiner Schwester Carolyn (mich hingegen besuchte sie und blieb dann jedesmal länger als zwei Wochen). All die Jahre hindurch hatte sie immer irgendeinen fadenscheinigen Grund dafür angeführt. In den letzten Jahren hatte sie vorgegeben, die Badewanne meiner Schwester sei verschimmelt. Sie meinte, sie könne dort nicht in Ruhe ein Bad nehmen, und behauptete, sie fürchte, sich eine Krankheit zu holen. Natürlich war das eine faule Ausrede gewesen, doch bisher hatte ich sie noch nie in Frage gestellt oder angefochten.

Ich konnte hören, wie Maria lustlos das Stück, das sie gerade auf dem Klavier einübte, herunterklimperte; ihre Finger glitten schnell über die Tasten. Ihr Spiel war laut und voller Fehler. Ihr langes, dickes, braunes Haar hing ihr genauso perfekt gekämmt bis zur Taille herunter, wie ich es am Morgen frisiert hatte. Manchmal brauchte ich eine halbe Stunde, um es in Form zu bringen. Es störte mich, daß ich überall, wo ich mich im Hause aufhielt, und ganz gleich, was ich gerade tat, ihre Fehler beim Spielen hören konnte. „Du wirst solange üben, bis du das Stück ohne Fehler kannst, und wenn du dazu den ganzen Tag hier sitzen mußt!" Sie schob ihre Brille auf der Nase hoch und klimperte weiter. „Mami, ich kann nicht …"

„Bitte fang nicht an zu jammern, Maria. Ich hab' deine Jammerei so satt. Übe dein Stück weiter." Mit meinem Tonfall äffte ich sie nach. Wenn ich so mit ihr sprach, erschauderte ich selbst innerlich, auch wenn ich nicht all die schrecklichen Worte sagte, die meine Mutter mir oft an den Kopf geworfen hatte; aber viele hatte ich doch von ihr übernommen, und auch mein Tonfall war derselbe. Waren meine Worte nicht ebenso giftig und destruktiv wie die meiner Mutter? Konnten Worte nicht die Seele zerstören? Maria fing an zu weinen; sie hörte einen Moment auf zu spielen, um ihre Tränen mit dem Ärmel abzuwischen. Im Nebenzimmer begann John seinen kleinen Bruder Christopher zu hänseln. Ich ließ die weinende Maria am Klavier sitzen und schleppte mich ins Fernsehzimmer. Dort teilte ich eine weitere Tracht Prügel aus. Anthony, der sich schon wieder mit seinem Bruder Joey versöhnt hatte, begann, aufs neue herumzubrüllen. Ich zitterte am ganzen Körper! Ich ging hinauf in mein Schlafzimmer und schloß die Tür hinter mir. Tränen brannten in meinen Augen; meine Handfläche war immer noch knallrot, weil ich Joey so fest damit geschlagen hatte. Kleine Fotos von den Kindern steckten an der Seite meines Kommodenspiegels. Die Fotos bedeckten die Stellen, wo der Rahmen des Spiegels, der einst auf der alten Frisierkommode meiner Großmutter gestanden hatte, schadhaft war. Maria war größer als Joey, Joey größer als John, John größer als Antony, und Anthony war größer als der zweieinhalbjährige Christopher. So ist das, wenn man jedes Jahr ein Kind bekommt. Ich betrachtete das Foto, auf dem Joey wie ein einsamer Ranger angezogen war und seinen Arm um Anthony gelegt hatte, der sich als Tonto verkleidet hatte. Es war eines meiner Lieblingsfotos. Anthony hatte die dunkelsten Augen von allen. Wie konnte ich nur so wütend werden, die Kinder den ganzen Tag anschreien und verprügeln und dann – wie durch ein Wunder – eine liebevolle und zärtliche Atmosphäre schaffen, wenn ich ihnen am Abend ihre Gutenachtgeschichte vorlas? Erschöpft warf ich mich aufs Bett, auf die alte weiße Tagesdecke. Das Bett war im selben Stil wie die Kommode gehalten. Daddy hatte beide Möbelstücke aus dem Schuppen geholt, wo sie jahrelang nur verstaubt herumgestanden hatten, und sie für mich und Joe hergerichtet, als wir heirateten. „Ich wurde in diesem Bett geboren", sagte meine Mutter stets, wenn sie zu uns auf Besuch kam, als sei es geradezu schändlich von mir, mit Joe darin zu schlafen. Auch daß wir darin Kinder gezeugt hatten, war für sie ein Frevel. Sie hätte lieber so getan, als habe der Storch uns die Babys gebracht. Die wüste Szene, die sich eben abgespielt hatte, war nur eine Wiederholung dessen gewesen, was sich schon am Vortag und am vorvorigen Tag, vergangene Woche, vergangenen Monat, letztes Jahr zugetragen hatte. So ging das nun schon lange. Wie lange eigentlich? Drei Jahre? Vier? Und es wurde offensichtlich nicht besser, ja, obwohl ich es nur äußerst ungern zugab, wurde es tatsächlich immer schlimmer. Ganz gleich, was ich versuchte, wie heftig ich meine Kinder schlug und wie oft ich sie bat, sich anders zu benehmen – die Streitereien hörten einfach nicht auf. Ich schlug Joey jeden Tag mindestens ein Mal, weil er sich wie ein Rohling aufführte. Der Junge war erst acht Jahre alt und schon jetzt brutal und aggressiv. Ich fand es widerwärtig, wie er seinen Bruder verprügelte. Und Anthony schien bei jedem Mal lauter zu schreien. Sicher besaß er das lauteste Organ des ganzen Viertels. Manchmal sagte ich mir, daß ich sie so lange schlagen würde, wie es eben nötig wäre. Aber wie lange war es denn noch nötig? Die momentane Befriedigung, die mir das Schlagen meiner Kinder verschaffte, währte nur eine Minute lang. Danach fühlte ich mich miserabel, auch wenn ich die Prügel für noch so gerechtfertigt hielt. Sowohl meine Mutter als auch Carolyn waren der Meinung, ich sei nicht streng genug. Meine Schwester sagte, sie könne meine Kinder „zur Raison bringen". Sie sagte mir, sie sei sicher imstande, ihnen ein paar Dinge abgewöhnen, wenn sie sie nur ein paar Wochen bei sich zu Hause hätte. Das stimmte wahrscheinlich, machte mir aber auch angst. Eines Tages, als meine Mutter bei uns war, um mir nach der Geburt von Joey zur Seite zu stehen, schickte sie mich ins Schlafzimmer, weil sie meinte, ich solle mich hinlegen und ausruhen. Sie war im Nebenzimmer mit Joey allein, der plötzlich wie am Spieß zu schreien begann. Ich kam aus dem Schlafzimmer, um nachzusehen, was los war. „Geh in dein Zimmer zurück!" fuhr sie mich an.

Aber ich widersetzte mich ihr und erwiderte, ich wolle mein Baby holen. Ich nahm das Kind aus seinem Bettchen und entdeckte, daß sie ein Stäbchen – wie es in einem Eis-am-Stil zu finden ist – an die Innenseite seines kleinen Armes geklebt hatte, damit er ihn nicht beugen und seinen Daumen nicht in den Mund stecken konnte. Als ich mich daran machte, das Stäbchen zu entfernen, schrie meine Mutter mich an: „Es hätte nur ein paar Tage gedauert, ihm das Daumenlutschen abzugewöhnen! Jetzt hast du alles wieder kaputtgemacht, du großer Kindskopf!" Sie bedachte mit oft mit Schimpfnamen, aber diesmal war es mir egal. Joey war mein Baby, und ich wollte nicht, daß ihm irgend etwas abgewöhnt wurde. Warum benahm sie sich eigentlich so gemein, fragte ich mich manchmal. Wußte sie denn nicht, wie sehr ich sie liebte? Wußte sie nicht, daß es nichts auf der Welt gab, was ich nicht für sie getan hätte? Wußte sie nicht, daß sie mich und auch alle anderen Mitglieder unserer Familie im tiefsten Inneren verletzte? Es gab niemanden auf der Welt, der in meinem Herzen den Platz meiner Mutter hätte einnehmen können. Wie konnte ich ihr das nur zeigen? Ich hatte mein ganzes Leben lang zu ihr gehalten, in jeder Lage. Daß ich meine Kinder nicht so erziehen wollte, wie sie uns erzogen hatte, bedeutete doch nicht, daß ich sie nicht liebte. War sie denn nicht imstande, das zu verstehen? Wenn Carolyn ihre Kinder anwies, etwas zu tun, dann taten sie es sofort. Ich habe noch nie Kinder so „folgen" sehen. Sie konnte ihnen befehlen, sich „wie kleine Soldaten" zu benehmen, und sie taten es. Sie konnte sagen „Ich will keine Mucks von euch hören", und sie rührten sich nicht. Wenn sie das Kommando gab: „Reißt euch zusammen!" dann hielten sie den Atem an und die Tränen zurück. Es stimmte, daß meine Kinder nie so folgsam waren wie ihre. Wenn sie meinen Johnny anbrüllte, weil er einen seiner Brüder neckte, dann lachte er nur und rannte weg. „Junge, ich würde dich zur Raison bringen, wenn ich dich ein paar Tage bei mir hätte!" schimpfte sie dann hinter ihm her. Ich zuckte innerlich zusammen, wenn ich sie so schelten hörte. Und trotzdem schimpfte ich fast jeden Tag Maria aus, wenn ich hörte, wie sie Klavier spielte! Ich haßte mich selbst dafür, daß ich es tat, so wie ich es gehaßt hatte, wenn meine Mutter mich so behandelt hatte. Und noch immer haßte ich es! Sie hatte mich mein ganzes Leben lang kritisiert. Wenn sie es nicht in eigener Person tun konnte, dann auf dem Postwege. Ihre Briefe hätten einen Dinosaurier vergiften können! Sie waren so bitter und überkritisch. Seit ich vor acht Jahren aus Perryville weggezogen war, erhielt ich täglich mindestens einen Brief, manchmal sogar zwei. Ich glaubte meiner Schwester immer, wenn sie sagte, ich könne jederzeit von einer Geisteskrankheit befallen werden, so wie es mit ihr geschehen war. Vielleicht lag es wirklich in meinen Genen. Vielleicht würde man mich eines Tages in eine Anstalt bringen.

„Mami, Mami! Joey schlägt schon wieder auf mich ein!" Anthony klammerte sich an mein Bein, das vom Bett herunterhing. „Verdammt noch mal! Diesmal kriegst du mehr als sonst, Joey!" brüllte ich. Ich sprang aus dem Bett und rannte durch den Flur, um ihn mir zu schnappen. Ich bekam ihm in seinem Zimmer zu fassen und begann, heftig auf ihn einzuschlagen, bis er zu schluchzen anfing. Noch immer konnte ich hören, wie Maria unten auf dem Klavier herumhämmerte. Und John hänselte sie dabei, so daß sie ihn dazwischen immer wieder anbrüllte. Als ich in mein

Schlafzimmer zurückkam, schaute ich auf meine kleine Uhr. Es war sieben. Fast schon Zeit für die Gutenachtgeschichte. Ich ging ins Badezimmer, um mir das Gesicht etwas zu kühlen. „Hey, Jungs, habt ihr jetzt Lust, eure Geschichte zu hören?" rief ich kurz darauf. Fröhlich und ausgelassen kamen sie alle auf mich zugerannt, als sei nichts zwischen uns gewesen. Wir waren plötzlich eine ganz andere Familie! „Heute sind wir an der Reihe, Mami. Also müssen wir in mein und Anthonys Zimmer gehen." Joeys Stimme war nichts von der Wut anzumerken, die ich auf seinem Gesicht gesehen hatte, als ich ihn noch wenige Minuten zuvor verprügelt hatte. Er hörte sich an, als läge ein schöner, entspannender Nachmittag hinter uns. „Schön, Joey."

„Sie liest heute in unserem Zimmer!" rief Anthony so laut, als müßte jeder im nächsten Wohnhaus davon Kenntnis bekommen. Sein breites Grinsen zeigte, daß er stolz auf seine stimmlichen Fähigkeiten war. Ich ließ mich auf den Fußboden gleiten; ich war vollkommen erschöpft. Ich streckte meine schmerzenden Glieder aus, und es war vollkommen still und friedlich, ehe ich vorzulesen begann. Ein weiteres Wunder. „Auf dem Blaubeerhügel, in einem lustigen, alten gelben Haus lebte der kleine Braunbär." Joey langte herüber und küßte meine Hand. „Der kleine Braunbär ging gerne auf Honigsuche; er saß gerne auf den Stufen seines alten gelben Hauses, und er liebte es, unter dem Maulbeerbaum in seiner Hängematte zu liegen. Aber er hängte nur äußerst ungern seine Kleider auf, bevor er ins Bett ging." Christopher krabbelte langsam in die Mitte unserer aneinandergedrängten Körper. „Welche Geschichte liest du, Mami?"

„Die vom kleinen Braunbären, der seine Kleider verliert, ist dir das recht?" fragte ich ihn, nun vollkommen entspannt. Wir hätten alle zusammen auf einer Briefmarke Platz gehabt. Anthony küßte mein Knie, als er mein Bein umklammerte. Joey küßte mich auf die rechte Wange. John küßte meinen linken Arm. Als ich ihnen das erste Mal vorgelesen hatte, hatte ich vor Verzweiflung geweint, weil da so viele Wörter gewesen waren, die ich nicht kannte. Jetzt las ich besser. Sicher gab es noch immer Wörter, die mir unbekannt waren, aber das bedrückte mich nicht mehr so wie zuvor. Doch sie hatten es immer wundervoll gefunden, wenn ich ihnen vorlas, ganz egal, wie sehr ich stotterte. Ich glaube sogar, daß sie es nicht einmal bemerkten. Zumindest hatte keines der Kinder je etwas verlauten lassen. Aber all das war nicht mit den furchtbaren Ängsten vergleichbar gewesen, die mich gequält hatten, wenn ich früher als Schülerin in der High School laut vorlesen mußte. Ich lehnte mich an das Etagenbett, das mein Vater gebaut hatte. Christopher lag nun zwischen uns allen. Er küßte meinen Fuß, weil das der einzige Körperteil war, der noch nicht von zärtlichen Armen und Beinen in Beschlag genommen wurde. Ich hatte das beruhigende Gefühl, daß die schrecklichen Prügeleien und all das ganze Geschreie bereits vergessen waren. Wer waren diese kleinen Menschen, die in mein Leben gekommen waren? Diese kleinen Menschen, die ich tagsüber so oft heftig schlug, denen ich jedoch am Abend vorlas und meine Liebe bezeigte? Wie konnte ich sie so lieben und dennoch schlagen? Wann würde endlich der Tag kommen, an dem ich alles anders machen würde als meine Mutter? Ich zuckte jedesmal innerlich zusammen, wenn ich hörte, wie ich denselben Tonfall und die Redensarten meiner Mutter verwendete. Aber warum konnte ich das nicht ändern, obwohl ich es so sehr wünschte? Schon allein meine Kindheitserinnerungen verursachten mir Magenschmerzen. Ich wußte, daß mindestens zehn Jahre vergangen waren, seit mein Bruder Timmy einmal betrunken nach Hause gekommen war, aber mir war, als sei es erst gestern gewesen. Ich erinnerte mich ganz deutlich an diesen Tag. Timmy war an jenem Wochenende für das Heimkehr-Fest von St. Louis heruntergekommen. Das Fußballspiel war schon mehrere Stunden aus, als er endlich an der Hintertür aufkreuzte. Er hatte nach etwas Eßbarem gesucht in unserem Haus, wo Lebensmittel immer knapp waren, und stopfte sich eben ein Stück Brot in den Mund, als er mich bemerkte.

„Hi, Mary Cecile, hast du dir das Spiel angesehen?" „Ja."

„Wieso bist du nicht bei dem Tanzabend?"

„Ich durfte nicht hingehen."

„Das hätte ich mir gleich denken können. Wo ist Mutter?" fragte er. „Oben, sie hat sich hingelegt", antwortete ich. Eine Sekunde später war er an mir vorbei in den Flur gerannt und nahm immer zwei oder drei der hohen Treppenstufen auf einmal. Mutter war aufgestanden. Ich konnte ihre Schritte auf dem Schlafzimmerboden hören. „Du bist schon wieder mit deinen Saufkumpanen zusammen gewesen, und du weißt, daß ich dir verboten habe, hierherzukommen, wenn du getrunken hast." Sie stand oben an der Treppe in der Diele. „Ach, halt' die Klappe, Alte!"

„Wie kannst du es wagen, so mit mir zu …"

„Würdest du bitte deine Klappe halten, Alte?" Er unterbrach sie, ehe sie ihren Satz beenden konnte. Ich traute meinen Ohren nicht. Ich hatte Timmy nie zuvor betrunken gesehen, aber dem wenigen nach zu urteilen, was ich im Laufe der Jahre darüber gehört hatte, mußte es früher zuweilen ziemlich schlimm gewesen sein. „Halt' die Klappe, ja? Willst du endlich still sein?" brüllte er sie wieder an, als sie versuchte, etwas zu sagen. Mein Gott. Ich konnte nicht glauben, was ich da eben gehört hatte. „Reicht es dir nicht, daß du dauernd Daddy und Mary Cecile überwachst? Mußt du jetzt auch noch bei mir die Aufpasserin spielen?" Sie gab keine Antwort. Vielleicht wußte sie, daß sie keine Kontrolle und Macht mehr über ihn besaß. „Ich habe dich was gefragt, Alte: Hast du nicht genug damit zu tun, die anderen beiden zu überwachen? Ich habe es satt, daß du mir in ganz St. Louis hinterherspionierst – du mit deinen Privatdetektiven! Hast du nicht genug zu tun damit, daß du dich hier in alles einmischst?" Er nuschelte jetzt, seine Worte klangen undeutlich.

„Ich weiß nicht, wovon du sprichst."

„Ach so – du weißt nicht, wovon ich spreche ... Ständig steckst du deine verdammte Nase in anderer Leute Angelegenheiten. Davon spreche ich." – „Du bist mein Sohn, Timmy, und ich liebe dich, aber glaub' ja nicht, du kannst hierherkommen und so mit mir reden ..." – „Ach, jetzt kommt wohl wieder die alte ‚Ich-liebe-alle-meine-Kinder-gleich'-Leier, was? Du gottverdammtes, falsches Miststück!" Er schrie immer lauter und lief dabei wieder die Treppe hinunter. Er konnte nicht sehen, daß ich am anderen Ende des Korridors stand. „Ich habe dich und deine jahrelange Einmischerei so satt!" Er lief wieder ein Stück die Treppe hinauf und brüllte jetzt so laut, daß unser Haus, das aus der Zeit vor dem Bürgerkrieg stammte, in seinen Grundfesten zu erzittern schien. „Du Miststück von einer Mutter! Immer schickst du Daddy vor, damit er an deiner Stelle mit uns redet!" – „Timmy, du verläßt jetzt besser dieses Haus, bevor ..." – „Du hast mir nicht zu sagen, was ich zu tun oder zu lassen habe! Ich verschwinde von hier, wenn es mir paßt, und ich komme niemals wieder – hast du mich verstanden? Ich komme niemals wieder in dieses Loch zurück! Wer sollte dazu schon Lust haben! Kennst du etwa jemanden, der uns gerne besucht? Hä? Nenne mir einen Menschen!" Jetzt weinte er. Er schüttelte die Fäuste, als er die Treppe wieder hinabrannte, jede Stufe dröhnte unter seinem Schritt. Er stolperte auf mich zu, und ich sah, daß ihm Tränen übers Gesicht liefen. Sein Gesicht war voller Trauer und Haß. Seine Stimme hallte im Korridor wider. Lieber Bruder, dachte ich, bitte hör' nicht auf. Sprich weiter, rede für mich, ganz gleich, wieviel Schaden du damit anrichtest. „Du gottverdammtes Stück Scheiße!" fuhr er fort. „Ich komme ganz sicher nicht einmal zu deiner Beerdigung!" Er stand jetzt nur wenige Schritte von mir entfernt, und ich dachte, mir würde gleich das Trommelfell platzen von seinem Gebrüll. „Ich komme ganz sicher nicht zu deiner Beerdigung, du alte Vettel! Ich will dich nie wieder sehen!" Timmys Augen blieben an meinen hängen, aber ich senkte rasch den Blick. Ich schämte mich und war schockiert über mich selbst, weil ich insgeheim hoffte, er würde nicht aufhören, sie anzubrüllen. Auch ich hätte ihr gerne eine Menge Schimpfworte an den Kopf geworfen wegen all der Verletzungen, die sie uns zufügte, aber ich wußte, daß ich das niemals tun würde. Ich würde nur wie immer angsterfüllt alles in mich hineinfressen. Timmy lief hinaus, ließ seinen Wagen an und verschwand in der Nacht. Würde ich ihn je wiedersehen? Er hatte mich diesmal nicht zum Abschied in die Seite geknufft, wie er es sonst tat. Würde er je wiederkommen? Wäre ich von nun an allein in diesem Gefängnis? Mein Körper zitterte, als ich im Dunkeln die Stufen hinaufstieg. Ich hoffte, ich könnte sofort ins Bett gehen, denn ich hatte keine Lust, noch mit ihr zu reden. Diese blöden Stufen schienen immer doppelt so laut zu knarren, wenn es dunkel war. „Mary Cecile, bist du das?"

Sie hatte mich kommen hören. Sie rief mich herein, damit ich ihr das Haar bürstete, und tat so, als sei nichts geschehen. Danach dankte sie mir und sagte mir, Gott würde ihre kleine Butterblume behüten. Ich haßte es, wenn sie mich so nannte. Ich wußte, daß ich ihr Lieblingskind war und haßte die Gefühle, die dies in mir auslöste. Sie tat mir leid, und doch hatte ich Timmy innerlich angefeuert, als er seine Schimpfkanone auf sie losgelassen hatte.

„Mami, willst du die Geschichte nicht zu Ende lesen?" fragte Joey mich mit zärtlicher Stimme. „Aber sicher, mein Schatz, entschuldige."

Er war jetzt kein Rohling mehr. Er rieb Anthonys Rücken. Und Maria jammerte nicht mehr. Sie rieb Christophers Rücken. Einen Augenblick lang dachte ich, vielleicht sollte ich ihnen von dem Moment an, wo sie aus der Schule kämen, bis sie zu Bett gingen, vorlesen. Ich mußte schmunzeln, da ich genau wußte, daß dies keine Lösung darstellte und auch völlig undenkbar war. „Und nach einiger Zeit schaute Mr. Wind durchs Fenster und lächelte. ‚Mantel, Hut und Schal waren ordentlich aufgehängt – so ein aufgeräumtes Zimmer für einen kleinen Braunbären', sagte Mr.

Eule leise kichernd zu sich selbst. Ende. Und jetzt schlaft ihr alle schön. Ich deck' euch zu." Alle liefen zu ihren Betten.

„Kommst du zuerst zu mir, Mami?"

„Aber ja. Schlüpf ins Bett, Joey, ich fang bei dir an." Ich begann, seinen Rücken zu streicheln und zu reiben, indem ich zuerst mit seinem Haar spielte. Meine Schwester sagte immer, ich würde die Haare meiner Kinder zu kurz schneiden. Aber sie mochten es gerne kurz, und ich erwiderte ihr jedesmal, das sei die Sache meiner Kinder. Ich streichelte seine kleinen Wangen. Seine Augen waren schon halb geschlossen. „Bitte, sei morgen nicht gemein zu Anthony, Joey." – „Ja, Mami. Ich versprech's dir."

„Ich schlag' dich dann auch nicht mehr, okay? Ich tu das so furchtbar ungern, Joey." „Ich weiß, Mami."

„Ich hab' dich lieb."

„Ich hab' dich auch lieb, Mami."

„Anthony, du da unten, bist du überhaupt noch wach?" Ich fing an, seinen Rücken zu reiben, und er schnurrte vor Behagen. „Ich bin noch wach, Mami."

„Bitte brüll' und zanke morgen nicht so herum wie heute, und ärgere Joey auch nicht mehr, ja?" – „Ist gut, Mami, ich werd's versuchen, aber manchmal ist er gemein zu mir." – „Ich weiß, aber versuch' nicht mehr so laut zu heulen, okay?" – „Ja, Mami. Kannst du mich hier, unter meinem rechten Arm, kraulen?" – „Hier?"

„Ah, ja! Das ist toll", seufzte er.

„Ich hab' dich lieb, Anthony."

„Ich hab' dich auch lieb, Mami. Wir raufen auch nicht mehr. Ich versprech's dir." – „Okay, Anthony, gute Nacht. Bis morgen."

Ich gab ihm einen Kuß und strich das Laken um seinen kleinen Kopf herum glatt. Ich holte tief Luft und stand auf. Wie gerne hätte ich dieses Rückenreiben heute schon hinter mir gehabt. Ich war so schrecklich müde. Aber ich wollte es tun, weil es mir das sichere Gefühl gab, daß ich zumindest eine Sache anders machte als meine Mutter. Immer war ich diejenige gewesen, die ihr das Haar bürstete, ihr den Rücken und die Füße massierte, wann immer sie es wünschte. Ich war glücklich, wenn ich etwas für sie tun konnte, und wußte, daß ich ihre einzige Freundin war. Doch ich haßte es, wenn sie meinte, dies alles sei meine „Pflicht". Alle ihre Kinder seien ihr etwas „schuldig", behauptete sie immer. Und weil die anderen – Timmy und Carolyn – so viel falsch machten, mußte ich es für sie gutmachen. Ich wollte meinen Kindern nicht das Gefühl geben, sie würden mir etwas schulden. So sollten niemals glauben, Kinder seien die Sklaven ihrer Eltern. „Kommt Papa am Samstag, um mit uns auszugehen?"

„Wahrscheinlich schon, aber darüber wollen wir morgen sprechen, ja?" – „Ist gut, Mami, ich hab' dich lieb."

„Ich hab' dich auch lieb."

Ich verließ ihr Zimmer und ging ein paar Schritte den Flur hinunter zu Maria, um das Ritual dort fortzusetzen. Ich liebte diesen kleinen Flur, an dessen Wänden nun überall Fotos von den Kindern hingen. Davor war er so unansehnlich gewesen, mit seinen eintönigen beigen Wänden und dem billigen Teppich in der selben Farbe. Ihre Gesichter hatten den Raum lebendig gemacht. „Tut mir leid, daß ich dich heute Heulsuse genannt habe", sagte ich und setzte mich auf Marias Bett. Sie war schon bereit für ihre Rückenmassage, lag auf dem Bauch, hatte die Decke zurückgeschlagen und das Oberteil ihres Schlafanzugs hochgezogen. „Ist schon gut, Mami."

„Nein, das ist es nicht. Ich werd's nicht wieder tun", versprach ich mehr mir selbst als ihr. „Ist recht, Mami."

„Ich weiß, aber ich werd's nicht noch einmal sagen. Fühlt sich das gut an?" „Mmmm." Sie atmete tief, war fast schon im Land der Träume. Ich küßte sie auf die Wange, ordnete ihr langes Haar auf dem Laken und kämmte es vorsichtig mit den Fingern. Kein Zweifel, sie war das schönste Mädchen der Welt. Morgen würde es keine Schreierei geben und keine Schläge. Ich fühlte, wie Erleichterung in mir hochstieg. Ich mußte unbedingt einen neuen Anfang machen, vieles sollte anders werden. Unter meinen Sprößlingen durfte später einmal kein Alkoholiker sein! Ab morgen würde ich meine guten Vorsätze in die Tat umsetzen – das stand fest!

„Ich darf das Programm auswählen!" Es geht doch nichts darüber, seinen eigenen menschlichen Wecker zu haben, dachte ich ärgerlich und rollte mich auf die andere Seite. „Nein, Maria. Ich war zuerst da!" Nicht einmal die zwei Kissen, die ich mir auf die Ohren preßte, konnten ihr Geschrei dämpfen. „Nein, das stimmt nicht, Joey!"

„Doch, Maria!"

„Du warst nicht zuerst da, Joey."

„Halt dich da raus, John."

„Warum sollte ich!"

„Das ist eine Sache zwischen mir und Maria."

„Ich darf es auswählen, Joey!"

„Nein, Maria!"

„Okay, du widerlicher Rohling!"

„Ist schon recht, du blöde Gans!"

„Du hast hier nichts zu bestimmen, Joey!"

„Du auch nicht, Maria."

„Mami! MAMI! Joey schlägt mich! Er ist schon wieder so brutal!" – „Halt deine Klappe, du blöde Gans, du bist selbst brutal!" – „Bin ich nicht! Mami, Joey schlägt auf alle ein!"

Es war Samstag morgen, sechs Uhr. Meine Mutter hatte schon ihren täglichen Anruf getätigt – mit der üblichen Begrüßung: „Liegst du noch immer im Bett, während deine Kinder herumtoben? Ich bin schon stundenlang auf! Ich mache mir die größten Sorgen, wie diese armen Kinder zurechtkommen, mit einem Vater, den man hinausgeworfen hat und einer Mutter, die ihr ganzes Leben verschläft. Wenn du es schaffen solltest, aufzustehen, dann ruf' mich zurück!" Ihre Stimme triefte vor Überheblichkeit. Klick! Sie konnte mich von einer Minute auf die andere in eine miese Stimmung versetzen. Doch heute war ich entschlossen, mich nicht von ihr herunterziehen zu lassen. Langsam setzte ich mich im Bett auf und ließ dann meine Füße auf den Boden gleiten. Draußen regnete es, und der Vater meiner Kinder würde sicherlich nicht mit ihnen ausgehen. Seine übliche Ausrede: eine wichtige Verabredung. Es würde daher ein sehr langer Tag für mich werden. Die Kinder stritten sich gerade wegen des Fernsehprogramms, aber ich wollte mich davon nicht herunterziehen lassen – und auch nicht von Mutters Anruf. Es war mir ernst mit dem Versprechen, das ich mir selbst und den Kindern am vergangenen Abend gegeben hatte. Ich beschloß, einfach hinunterzugehen und mit ihnen zu reden. Mein Magen schmerzte schon wieder. Mein Rücken auch. Vielleicht lag es an der billigen Matratze. Ich zog meine Jeans hoch und ging hinunter. „Mami, ich war zuerst da – und jetzt wollen sie mich meine Show nicht anschauen lassen! Nie darf ich das Programm wählen, weil Joey so ein widerlicher Rohling ist!" Anthony war schon an meiner Seite, noch bevor ich ganz durch den Flur gekommen war. „Sag' ihm, er soll dich in Ruhe lassen, Anthony", sagte ich ruhig. „Aber er tut es nicht!" wandte er ein.

In mir zog sich alles zusammen, als ich jetzt die Treppe hinunterstieg. „Joey hast du deinen Bruder schon wieder geschlagen?" – „Mami, er war ..."

Ich ließ ihn nicht ausreden und fing statt dessen an, ihm den Hintern zu versohlen. „Geh sofort in dein Zimmer. Du willst diesen Tag wie ein Rohling beginnen? Ich werde diesen Tag für dich beginnen!" Ich rannte hinter ihm her, als er auf die Treppe zulief. Er heulte, und ich schlug ihn auf jede Körperstelle, die ich traf. „Da willst den Tag als Rohling beginnen, ja?" Beide rannten wir jetzt die Treppe hinauf. Joey kam als erster oben an und raste in sein Zimmer. Ich blieb schweratmend im Korridor stehen. „Verdammt – ist das zu fassen?" sagte ich zu mir. Gewiß würde man mich nun bald in eine Anstalt bringen. Mein Gott, wie war das nur möglich? Joey weinte in seinem Zimmer. Unten war alles ruhig. Ich ging ins Badezimmer und schloß die Tür. Ich fand es schrecklich zu hören, wie die Worte meiner Mutter aus meinem eigenen Mund kamen, wenn ich die

Kinder anschrie. Ich hatte keine Ahnung, wie oder ob ich das jemals würde ändern können. Ihre Stimme spukte ständig in meinem Kopf herum.

„Ich sehe ganz genau, wie deine Augenlider zucken, mein Kind. Mich kannst du nicht täuschen." Ich hatte gehofft, meine Mutter würde mich an diesem Nachmittag nicht kontrollieren. Es mußten 40 Grad im Schatten sein, aber ich zog es vor, hier draußen in der Sonne anstatt oben in meinem Bett zu liegen. Gewöhnlich kontrollierte sie meine Augenlider nur, wenn ich meinen Mittagsschlaf im Bett hielt, aber zuweilen überwachte sie mich auch, wenn ich dafür im Garten war. Ich persönlich war zwar der Meinung, daß ich mit elf Jahren schon zu alt war, um noch einen Mittagsschlaf zu halten, aber meine Mutter bestand darauf. Sie sagte immer, daß sich die Menschen auf dem Lande niemals in die Sonne legen würden. Sie taten nichts, um braun zu werden. Sie sagte, das sei so, weil sie ungebildet wären und es nicht besser wüßten. Sie behauptete immer, ich sei das erste Baby gewesen, das je in Perryville in die Sonne gelegt worden war. Sie begann damit in jenem Sommer, in dem ich geboren wurde. Ich liebte es, Sonnenbäder zu nehmen, oder – wie meine Mutter es ausdrückte – „braun wie eine Kaffeebohne" zu werden. Meine beste Freundin Ann, die am unteren Ende der Straße wohnte, war ein Jahr älter als ich. Sie war groß, sehr hübsch und spielte bei unseren Klaviervorträgen immer als letzte, aber sie wurde niemals brauner als ich. Aus irgendeinem Grund fand meine Mutter das wunderbar. Ich habe nie erfahren, wie Daddy darüber dachte, weil er zu diesem Zeitpunkt schon seit etwa drei Jahren nicht mehr sprach. „Er schmollt", sagte Mutter immer; und wenn er spräche, dann nur, um „etwas Häßliches" zu sagen.

„Hey, Mary Cecile! Hat Mutter das Abendessen schon fertig?" – „Ich glaub' nicht, Timmy."

Ich folgte meinem älteren Bruder, als er den Steinweg zur Scheune hinunterrannte, um sich Körner zu holen, die den

Hühnern und Kühen als Futter dienten. Er nahm immer ganze Hände voll und stopfte sie sich in den Mund. Ich wußte, daß er ständig hungrig war, obwohl er sich niemals beklagte. Er war in diesem Jahr ziemlich groß und kräftig geworden. Timmy war für mich der wundervollste Mensch, den ich kannte. Ich sah ihn nicht mehr viel, seit er zwei Jahre zuvor mit der High School begonnen hatte – außer spät abends, wenn wir zusammen das Geschirr spülten. Er kam ohnehin nur noch zum Essen und Schlafen nach Hause. Meine Mutter fand, er habe sich verändert seit jener „Anfänger-Einweihung" im ersten Jahr der High School. Damals hatten die älteren Schüler seine neue Hose an den Knien abgeschnitten. Seine ersten neuen Hosen überhaupt – und sie waren am ersten Tag, an dem er sie trug, ruiniert! Ich wußte, daß das ziemlich schlimm für ihn gewesen war, aber ich konnte nicht begreifen, warum ihn das so sehr verändert haben sollte. Ich hatte gehört, daß er in der Schule beliebt war, was nicht weiter verwunderlich war, denn er war ein richtiger Spaßvogel. Timmy konnte alle zum Lachen bringen, wenn er seine funkelnden blauen Augen verdrehte. Er war bald zum neuen Fußballhelden der Schule avanciert, und ganz offensichtlich mochten die Mädchen ihn. Es fehlte mir, daß ich ihn nicht mehr auf dem Klavier herumklimpern hörte, wie er es gerne getan hatte, ehe meine Mutter es ihm verbot. Mutter sagte, er habe nur die Zeit und das Geld für die Klavierstunden verschwendet, und wenigstens ich solle die Sache mit mehr Ernst betreiben und nicht so herumklimpern. Das traute ich mich gar nicht. Dazu hatte ich viel zu viel Angst vor ihr. Sie wurde immer entsetzlich wütend, wenn ich nur einen einzigen Fehler machte. „Mary Cecile!"

„Ja, Mutter?"

„Komm jetzt rein, und übe das Stück, das du heute morgen noch nicht fehlerfrei konntest, so lange, bis ich das Abendessen fertig habe." – „Gut, Mutter, ich komme."

* * *

23

„Herrgott, Mary Cecile, spiel das noch einmal! Wirst du es denn nie richtig können?" Ich fand es fürchterlich, wenn sie so aus der Küche zu mir herüberbrüllte. Auch wenn sie wahrscheinlich gerade kochte, war sie imstande, jeden noch so unbedeutenden Fehler zu hören, den ich beim Spielen machte. Ich hielt eine Minute inne, um meinen Rücken zu strecken, und schon konnte ich hören, wie sie ins Wohnzimmer gelaufen kam. „Du wirst so lange üben, bis du es richtig beherrschst, Mary Cecile. Dir werde ich nicht erlauben, so herumzutrödeln, wie dein Bruder und deine Schwester es getan haben. Noch einmal jetzt. Bis du's perfekt kannst." Sie stand hinter mir, als ich es noch einmal spielte. Ich war mir sicher, daß es absolut fehlerfrei war. Diesmal hatte ich es perfekt hingekriegt. Timmy würde mir sagen, ich solle einfach ruhig weiterspielen, auch wenn sie so lauernd hinter mir stand. Jetzt wartete ich auf ihre Reaktion – sie kam: „Du verschwendest nur deine Zeit. Das Abendessen ist fertig, deck den Tisch. Morgen mußt du länger üben. Vielleicht wirst du es dann endlich perfekt können." Beim Abendessen sprach niemand. Ich schaute von Mutter zu Timmy und dann zu Daddy. Es gab niemals einen Augenkontakt zwischen uns, und die Spannung in der völligen Stille war mit Händen zu greifen. Ich wartete ständig darauf, daß die Bombe explodieren würde. Jeder versuchte so zu tun, als würde er sich aufs Essen konzentrieren. Wie gewöhnlich aß ich zu schnell. Ich hoffte immer, daß das Abendessen dadurch schneller beendet wäre. Aber Mutter ließ mich nie vom Tisch aufstehen, auch wenn ich vor allen anderen fertig war. Sie erlaubte es zwar meiner älteren Schwester Carolyn, aber ich dürfe ja nicht in deren Fußstapfen treten – erinnerte sie mich jeden Tag aufs neue. „Mary Cecile, iß nicht so schnell. Wie oft muß ich dir das noch sagen? Du wirst ohnehin danach nirgendwo hingehen, mein Fräulein. Diese schnelle Essen ist auch der Grund, warum du dauernd so unangenehm aufstößt." Das waren so unsere üblichen Abendbrotgespräche. Alle hatten die Augen auf ihren Teller gerichtet, die Spannung war unerträglich. Ich wollte nur noch raus.

Mutter, iß bitte ein bißchen schneller, bat ich innerlich. „Mary Cecile, du kannst den Tisch abräumen", sagte sie nach einer Weile, die mir wie mehrere Stunden vorgekommen war. An jenem Abend war ich mit Geschirr abtrocknen an der Reihe, und Timmy sollte es spülen. Gewöhnlich wechselten wir uns etwa nach einer Woche ab. Wenn Mutter sehen könnte, wie er ganze Hände voll Besteck einfach unter den laufenden Wasserhahn hielt und ihn mir dann reichte, würde sie platzen vor Wut, dachte ich. Sie hatte uns aufgetragen, jedes Stück einzeln zu spülen. Ich schaute zu Timmy auf, und er boxte mich liebevoll in den Arm. Er wußte, daß ich ihn nicht verpetzen würde, wollte wahrscheinlich aber auf Nummer Sicher gehen. Ich fand das Ganze immer äußerst komisch. Er warf mir das letzte Glas zu und lief zur Hintertür. „Komm, Mary Cecile! Gehen wir zum Schuppen runter!" „Verlaß' ja das Grundstück nicht, Timmy!" brüllte Mutter hinter uns her, als wir hinausstürzten. Kaum zwei Minuten später schaute ich zur Veranda zurück und konnte sehen, wie meine Mutter dort mit irgendeiner Handarbeit saß. Ich war nie sehr lange außerhalb ihrer Sichtweite. Timmy rannte zum Schuppen. Ich wußte, er würde sich an der Hinterseite des Schuppens hinausschleichen, um dann mit seinen Freunden an der Tankstelle herumzuhängen. Aber das würde ihr entgehen, denn sie war damit beschäftigt, mich mit Argusaugen zu beobachten. Ich tat so, als würde ich es nicht bemerken. Morgen würde sie Timmy dafür anschreien, daß er weggelaufen war, und er würde erwidern, er sei ja nur unten an der Straße gewesen. Aber sie wußte es stets besser, und ich wußte, sie würde, wie gewöhnlich, fragen: „Warum kannst du nicht so wie dein Bruder Paul sein – oder wenigstens immer die Wahrheit sagen wie deine Schwester Mary Cecile? Sie lügt nie." Ich haßte es, wenn sie mich als leuchtendes Beispiel hinstellte. Timmy boxte mich hinterher immer in den Arm (und ich wußte, daß es als liebevoller Klaps gemeint war, aber mein Arm war schon ganz grün und blau davon). Mutter sagte immer, sie liebe alle ihre Kinder gleich, aber ich wußte, daß das nicht stimmte.

Ich konnte noch immer Joeys unvermindertes Schluchzen hören, obwohl er zwei Zimmer von meinem entfernt war. Warum nur war dieses Kind so aggressiv? Würde das je aufhören? Nun, ich hatte ihn hart genug bestraft. Ich hoffte, ich würde es nach dieser Szene nicht noch einmal tun müssen. Als es fünf Uhr nachmittags war, hatte ich Joey vier weitere Male verprügelt. Ich hatte Maria angebrüllt und sie gezwungen, eine zusätzliche Stunde am Klavier zu üben. Ich hatte John zweimal versohlt. Ich hatte jedes Kind mindestens einmal in sein Zimmer geschickt. Ich hatte ihnen unzählige Standpauken gehalten. Und all das noch vor dem Mittagessen! Ich war nicht gerade stolz auf meinen Rekord. Mein Rücken schmerzte noch mehr. Der Vater meiner Kinder war vorbeigekommen und hatte mir 48 Dollar gegeben. Eigentlich hätten es 60 Dollar sein sollen, aber er hatte die 12 Dollar davon abgezogen, die ich durch die Vermietung der Garage an eine Frau vom unteren Ende der Straße erhielt. Mit dieser kleinen Summe würde ich sicherlich nicht weit kommen. Jeden Tag fragte ich mich aufs neue, ob ich es überhaupt schaffen würde. „Mami, Maria kommandiert mich herum!"

„John, bitte geh' so lange nach unten, bis ich den Fußboden fertiggewischt habe." – „Kannst du ihr nicht sagen, daß sie aufhören soll?" Das Telefon klingelte schon wieder. Ich nahm den Hörer ab. „Hallo."

Keine Begrüßung am anderen Ende der Leitung. Meine Mutter fand es nie nötig, guten Tag zu sagen; sie legte immer gleich los. „Und wenn du dich immer noch unbedingt von diesem Mann scheiden lassen willst – nun gut, ich halte vielleicht nicht alles für gut, was er getan hat, aber er ist ein guter Mann, und du solltest dich lieber zusammenreißen, junge Frau. Steh endlich auf, und kümmere dich um deine Kinder, wie es einer Mutter würdig ist. Sie sind ja kleine Waisen, um die sich niemand schert … und noch etwas, junge Frau: Geh nicht mehr zu diesem Priester und hör auf, ihn mit deinen Problemen vollzuquatschen. Dabei kommt nichts Gutes heraus, laß dir das von mir gesagt sein." – „Ich bin auf den Beinen, Mutter, und ich kümmere mich um meine Kinder." – „Das kann ich leider nicht sehen." Sie knallte den Hörer wieder auf die Gabel. Ich mußte einfach hin und wieder mit jemandem sprechen, der freundlich zu mir war, und momentan war dieser Mensch Father Pat. Meine Mutter konnte mich dadurch nicht mehr so mit ihren gebieterischen Anrufen und ihren täglichen Brieftiraden beherrschen. Der Postbote neckte mich immer mit seinem „Jeden Tag ein Brief?" Aber wenn ich die Kinder miteinander reden hörte, beschlich mich ein unheimliches Gefühl, vor allem, wenn Maria sprach: Das war ich selbst, die alle herumkommandierte. Maria benutzte meinen Tonfall, wenn sie ihren Brüdern befahl, was sie zu tun hätten. Es waren meine Worte und Redensarten! Ich staubte den Kommodenaufsatz ab, indem ich mit dem Ärmel meines Sweatshirts darüberfuhr. Auch meine Mutter hatte die Angewohnheit, ständig mit der Spitze ihres Hauskleides über die Fläche von Möbelstücken zu fahren, um sie zu entstauben. War die Art und Weise, wie wir Staub wischten, wohl angeboren? War ich dabei, für einige meiner Kinder eine besondere Vorliebe zu entwickeln, so wie meine Mutter es immer gehabt hatte? Würde ich werden wie sie? Oder war ich überhaupt schon so? Die Weise, in der ich auf Joey einbrüllte, beunruhigte mich derart, daß ich mir Sorgen über mich selbst machte. War das „eben so", wie „sie" behaupteten? Nachdem ich nun jahrelang immer wieder verkündet hatte, ich würde alles anders machen, fragte ich mich, ob das überhaupt möglich war. War tatsächlich nur der Geldmangel an allem schuld gewesen, wie meine Mutter behauptet hatte? Gab es nicht etwas Tiefgründigeres, das noch nie zur Sprache gekommen war? Warum hatte mein Vater sieben oder acht Jahre seines Lebens kein Wort gesprochen? Warum war nie eine Menschenseele zu uns auf Besuch gekommen? War kein Verwandter gut genug für uns gewesen? Waren wir wirklich so viel besser als all das „Gesindel", wie meine Mutter ihre Nachbarn immer nannte? War meine Schwester wirklich „geisteskrank" wie Tante Zelda? War mein Bruder im Begriff, ein Alkoholiker zu werden wie Onkel Ernst? Lag das alles in den Genen? War da nicht noch etwas ganz anderes im argen in unserem kalten, ungastlichen Haus? Es machte mir angst, wenn ich daran dachte, daß fast alles, was mich selbst oder meine Kinder betraf, eine Wiederholung meiner eigenen Kindheit darstellte. Hatte ich das Recht, das alles in Frage zu stellen, anzufechten? Mußte ich das, was an mich weitergegeben worden war, gar nicht akzeptieren? Konnte der Kreislauf der Gewalt durchbrochen werden?

Zweites Kapitel

Liebe und Ehe

Ich wußte, es würde eine ganze Weile dauern, bis ich das alles wirklich fassen würde. Ich saß in meinem Zimmer in Queen's Daughters in St. Louis und konnte selbst über meinen Tagesablauf bestimmen. Zumindest teilweise. Meine Mutter hatte mir einen Job an der St. Louis University verschafft und kontrollierte mich weiterhin jeden Tag, aber ich war wirklich und wahrhaftig nicht mehr in Perryville. Das Queen's Daughters war kein gewöhnliches Studentenwohnheim, sondern eher ein Haus für zumeist ältere unverheiratete Frauen, in dem auch ein paar Studenten lebten, die keinen Zugang zu den Studentenwohnheimen hatten. Meine Mutter hatte mich dazu überredet, mich für ein paar Abendkurse einzuschreiben, denn ich erhielt den Unterricht kostenlos, da ich gleichzeitig für die Universität arbeitete. Mit dem Mädchen, das ebenfalls in dem Zimmer wohnte, verstand ich mich gut. Sie war beliebt, und die Jungen mochten sie. Ich beschloß, auch mit Jungen auszugehen. Ich wußte, ich würde mich „anständig" betragen, wie man es mich gelehrt hatte, und nicht zulassen, daß ein Junge mich berührte; aber ich würde mit jedem ausgehen, der mich dazu aufforderte.

* * *

„Nein, das wirst du nicht tun, mein Fräulein."

„Doch, Mutter."

„Das werden wir noch sehen. Widersprich mir gefälligst nicht. Ich schick' Daddy zu dir, damit er dich abholt. Es gibt keinen Grund, warum du unbedingt da oben bleiben müßtest." – „Ich werde ihn heiraten, Mutter. Ich habe mich

dazu entschlossen, und Joe und ich werden heiraten." –
„Du wirst wohl nicht zulassen, daß irgendein dreckiger
Itakker aus Chicago mir vorschreibt, was ich zu tun habe,
Mary Cecile." – „Er macht dir keine Vorschriften, Mutter.
Wir lieben uns und wollen heiraten." – „Ich unterschreibe
nicht. Du brauchst meine Unterschrift dafür, und die gebe
ich nicht. Du wirst ja sehen, wie weit du kommst. Du
kannst noch nicht alles selbst bestimmen, mein Fräulein." –
„Ich brauche deine Unterschrift nicht, Mutter. In diesem
Bundesstaat muß ich nicht einundzwanzig sein." Sie
schwieg. Es stimmte, ich brauchte ihre Unterschrift nicht.
Und Joe hatte gesagt, er würde zu mir halten. Er hatte gesagt, er würde alles nur Erdenkliche tun, denn er könne
nicht ohne mich leben und würde mich wirklich lieben.
„Du kommst dieses Wochenende nach Hause, damit wir
über alles reden können, mein Fräulein. Hast du mich verstanden?" – „Ja, Mutter." –
„Wiedersehen." Klick.
Sie tobte vor Wut, aber das würde ihr nichts helfen. Ich
würde ihn heiraten. Sie konnte über uns spotten, soviel sie
wollte, wir hatten bereits entschieden, daß wir mit oder
ohne ihre Zustimmung heiraten würden. Ich hatte mich ihr
noch nie zuvor widersetzt und hätte ihr sicherlich nicht die
Stirn geboten, wenn ich nicht davon überzeugt gewesen
wäre, daß er mir zur Seite stände. Es war wie im Märchen.
Nachdem ich schon eine ganze Weile in St. Louis gewohnt
hatte, war ich Joe begegnet. Wir waren beim Studentenball
einander zugeteilt worden und hatten uns da zum ersten
Mal gesehen. Nach zwei weiteren Rendezvous waren wir
uns schon ganz sicher. Ich dachte, das sei die wahre Liebe,
so sei das eben. Zuvor hatte ich gemeint, so etwas würde
ich nie erleben. Joe machte gerade seine Promotion in Philo-
sophie an der Northwestern University. Ich wußte nicht
genau, was das eigentlich war, aber es mußte wohl etwas
ganz Großartiges sein. Ursprünglich hatten wir beschlossen,
im darauffolgenden Juni zu heiraten, aber als er nach Chicago zurückfuhr, vermißten wir einander so sehr, daß er

zwei Monate später mit einem Verlobungsring zurückkam und wir unsere Hochzeit auf zwei Tage nach Weihnachten vorverlegten.

* * *

„Na, Mary Cecile, ich hoffe, es kommt spät."

„Warum, Mutter? Warum fändest du es gut, wenn das Baby spät käme?" – „Ach, was weißt du schon, Mary Cecile! Wenn das Baby rechtzeitig zur Welt kommt, werden es genau neun Monate nach eurer Hochzeit sein. Und dann könnte es sein, daß die Leute über euch reden." Ich haßte es, wenn sie ihren „Ich-weiß-alles"-Ton anschlug. Diesmal brachte sie damit zum Ausdruck, ich sei eine Art Nutte. Was Sex betraf, war sie immer vollkommen rigide gewesen. „Mutter", sagte ich, „ich habe nie etwas Unrechtes getan, bevor ich geheiratet habe. Ich weiß, daß du das auch weißt. Was kümmert es uns, was die Leute denken?" – „Du solltest lieber anfangen, dich darum zu kümmern." Jeden Tag erhielt ich einen Brief von ihr; an manchen Tagen sogar zwei! Es war ihre Methode, mir zu sagen, was ich zu tun hätte, wie ich es zu tun hätte und was ich alles verkehrt machte. Ich wohnte zwar nicht mehr in ihrem Haus, aber sie versuchte auch jetzt noch, mich zu kontrollieren – auch wenn das nun durch ihre Briefe geschah. Ich erinnere mich, daß ich mich zuweilen fragte, ob das immer so weitergehen müsse. Offenbar ja. Im Laufe unseres ersten Ehejahres beschloß Joe, seine Promotion an den Nagel zu hängen. Er sagte mir, er bräuchte den Universitätsabschluß für das, was er wirklich im Leben wolle, nicht. Ich hatte keine Ahnung, was er vorhatte, aber ich hielt ihn für tüchtig und intelligent und vertraute deshalb darauf, daß er die richtige Entscheidung gefällt habe. Außerdem, so sagte er, würden wir bald Geld benötigen, denn ich erwartete ein Kind.

* * *

Für mein Empfinden ging das alles ein bißchen zu schnell. Ich hatte einmal gehört, das sei in meinem Zustand ganz normal, aber als ich aus dem Krankenhaus kam, hätte ich am liebsten gerufen: „Hilfe! Was um alles in der Welt fange ich nun mit diesem Baby an?" Obwohl meine Mutter und Joe sich nie gut verstanden, war ich froh, wenn sie zu Besuch kam. Ich wußte, daß ich nicht rauchen durfte, wenn sie da war; lieber verzichtete ich darauf, als daß ich mir anhören mußte, wie sie sich aufregte. „Ich hoffe, daß deine Milch ausreicht, Mary Cecile." Ich hatte keine Ahnung, was Mutter damit meinte. Joes Hausarzt hatte einmal gesagt, bei manchen Frauen sei genug da und bei anderen eben nicht. Er machte sich selten die Mühe, irgend etwas zu erklären. „Ist sie nicht das süßeste Baby, das du je gesehen hast, Mutter?" – „Ja, ein süßer, kleiner ‚Itakker'-Balg."

Mit solchen Bemerkungen versuchte Mutter, mich wütend zu machen, aber ich ließ mich nicht aus der Ruhe bringen. Ich konnte verstehen, daß sie auf Joe eifersüchtig war. Ich versuchte einfach weiterhin, ihr so gut ich konnte zu zeigen, daß ich sie liebte. Was hätte ich sonst tun sollen? Daddy jedoch hatte Joe gern. Während meine Mutter ihn sarkastisch „Mr. Alleswisser" nannte, fand mein Vater ihn wirklich tüchtig und intelligent. Es tat mir leid, daß Mutter ihn nicht mochte, aber das konnte ich nicht ändern. Er war mein Mann, und ich liebte ihn. Wenn ich die beiden zusammen sah, war ich zuweilen überrascht, wie ähnlich sie wirkten. Und doch mochten sie sich nicht.

* * *

„Na ja, vielleicht wird es das nächste Mal ein Junge." Ich hätte nicht sagen können, ob sie das im Scherz sagten oder im Ernst – jedenfalls klang es nicht besonders nett. So reagierten die meisten von Joes Verwandten auf Marias Geburt. Ich fand die Kleine wundervoll und kümmerte mich nicht darum, was die anderen dachten. Joe hatte noch keinen einzigen Versuch gemacht, sie auf den Arm zu nehmen, und als ich ihn fragte, warum, erwiderte er, er habe eine Scheu vor Kindern, solange sie noch ganz klein wären. Auch ich hatte noch nie zuvor in meinem Leben ein Baby auf dem Arm getragen, aber ich lernte es ziemlich rasch. Überdies sagte Joe immer, wenn er von der Arbeit nach Hause kam, nun müsse er zuerst einmal abschalten; dann ging er gewöhnlich ins obere Stockwerk, um fernzusehen und etwas zu essen. Joes Eltern hatten immer etwas Gutes zu essen da, das sich sehr von dem unterschied, was ich von zu Hause her gewöhnt war. Sie führten überhaupt ein ganz anderes Leben. „Mamma" und „Papà" gingen niemals zur Kirche, außer an Weihnachten und Ostern. So etwas hatte ich noch nie zuvor gehört. Natürlich hoffte ich, sie kämen deswegen nach ihrem Tod nicht in die Hölle. Joe war ganz eindeutig nicht nur der Liebling seines Vaters, sondern auch der ganzen übrigen großen Familie, weil er der erste war, der ein College besucht hatte. Alle seine Brüder und seine Schwester lebten im ersten Stock mit Mamma und Papà. Manchmal stritten sie sich, aber sie taten es auf eine vollkommen andere Weise, als ich es in meiner Familie erlebt hatte. Ich hatte gehofft, ich würde Joe öfter sehen, aber sein Zeitplan ließ das nicht zu. Er schlief morgens lange, ging um Mittag herum zur Arbeit, kam spät nach Hause und ging dann nach oben, um mit seinem Vater bis Mitternacht fernzusehen und sich zu entspannen. Auch wenn ich schon schlief, wußte ich, wann er in unsere Souterrainwohnung hinabstieg und ins Bett ging, denn er wollte jede Nacht Sex. „Das ist ja nur, weil ich dich so liebe", sagte er immer. Und ich wußte auch nicht, was mit unserem Geld geschah. Joe bekam nun ein Gehalt, aber wahrscheinlich benötigte er es für sich selbst. Ich hatte nichts dagegen, denn ich brauchte im Grunde nichts. Wir hatten so viele Geschenke für das Baby bekommen, daß wir nichts kaufen mußten. Doch die Kleine wuchs unglaublich schnell. Ehe ich es mich's versah, war sie schon zu groß für die Babyausstattung, in der ich sie aus dem Krankenhaus nach Hause gebracht hatte.

* * *

Ich konnte mir einfach nicht vorstellen, ein anderes Baby zu lieben. Heute kommt mir das komisch vor, und ich hätte damals nicht gewagt, es jemandem zu sagen. Wahrscheinlich war das so, weil ich nur Maria kannte und das andere Baby noch nicht geboren war. Maria war einfach das wundervollste Kind der Welt! Ich konnte ihr aus den kleinsten Stoffresten Kleider nähen. Alle – außer Joes Mamma – sagten zu mir, sie hofften, daß es diesmal ein Junge würde. Ich verstand nicht recht, warum das so wichtig war. Welche Bedeutung hatte das schon, solange das Baby gesund war? Joes Vater – „Nanu", denn er war ja jetzt Großvater – sagte, Joes Bruder und seine neue Frau würden in die Wohnung im zweiten Stock ziehen und Joe und ich sollten die im ersten Stock nehmen. Es war eine große Wohnung, sie hatte drei Zimmer. Natürlich wäre fast jede besser gewesen als die Souterrainwohnung, in der es keine Toilette gab. Eigentlich wünschte ich, Joe und ich hätten unsere eigene Wohnung, aber ich wußte, daß uns dafür das Geld fehlte. Regelmäßig, jeden Samstag, mußte sich Joe Geld von Nanu borgen, um damit Lebensmittel und alles, was er haben wollte, zu kaufen.

* * *

Über die Namensgebung wurde gar nicht diskutiert. Es stand von vorneherein fest, daß er den Namen Joe erhielte. Mir war das recht. Ich mochte den Namen. Wieder kam meine Mutter, um mir zu helfen. Zwischen ihr und Joe herrschten nun immer fürchterliche Spannungen. Wenn sie uns besuchte, war ich sehr erleichtert darüber, daß er nicht oft zu Hause war. Ich erinnere mich, daß ich meine Mutter nicht wissen lassen wollte, wie arm wir eigentlich waren, und daß ich versuchte, Joe dazu zu bewegen, früh aufzustehen, damit er sich von Nanu das Geld für ein paar Lebensmittel borgen konnte. Meine Mutter stellte gerne Fragen über das Essen oder über Geld. Wenn sie nicht da war, mußten wir eigentlich nie einkaufen gehen, da wir mindestens einmal am Tag eine Mahlzeit oben einnahmen. Mutter lehnte es immer ab, mit Nana und Nanu einen Plausch zu halten, denn sie fand, es rieche da oben „zu sehr nach Knoblauch". Zuweilen sagte sie, sie fände, daß Joe mich nicht besonders gut behandelte, aber ich glaube, das sagte sie, weil sie ihn nicht mochte. Aber es gab tatsächlich Dinge in unserem Eheleben, die mich traurig machten: Wir verbrachten nie viel Zeit zusammen und tauschten niemals Zärtlichkeiten aus. Und Joe hatte noch keines seiner Kinder je auf den Arm genommen! Seine neueste Ausrede dafür lautete, manche Leute könnten eben keine Babys im Arm halten. Und ich glaubte ihm, obwohl ich insgeheim dachte, daß ich so etwas noch nie gehört hätte. Doch ich ließ mir wohl nicht anmerken, daß es mich traurig machte, denn Joes Schwester sagte einmal, man könne an der Art, wie ich ihn anschaue, richtig sehen, wie verliebt Joe und ich seien. Ich hörte es gern, wenn Joe zu mir sagte, wie sehr er mich liebe. Für mich bedeutete das viel. Niemand in meiner Familie hatte das je zu mir gesagt.

* * *

„Eure Kinder werden wunderbar zusammen spielen", meinte Onkel Steve. „Ach du lieber Gott", war alles, was Nana dazu sagte. Mutter fragte nur: „Schon wieder? So bald?"

Nanu sagte nur: „Gut gemacht, mein Sohn."

Ich sagte, ich wüßte wohl, daß da sehr viel Arbeit auf mich zukäme, daß ich mich aber auf das Kind freue. Und das stimmte. Das Personal im Krankenhaus erinnerte sich nicht nur vom vergangenen Jahr an mich, sondern sagte auch: „Bis nächstes Jahr dann!" als ich entlassen wurde. Ich wählte den Namen John aus. Joe war damit einverstanden. Man sah ihm an, daß er stolz war. „Ich habe einen zweiten Sohn", erzählte er allen. Ich wollte das Baby länger als nur drei Wochen stillen, aber Dr. Angelotti sagte, das könne ich nicht. Ich hätte ihm deswegen brennend gerne einige Fragen gestellt, aber er wurde immer sehr rasch ungeduldig. „Er ist ein sehr guter Arzt", sagte Joe. „Es hat schon seine Ordnung, wenn er keine Fragen beantwortet, denn er weiß, wovon er spricht." – „Ich weiß, daß man Babys mit der Flasche aufziehen kann, Joe. Es ist nur, ich würde dem Kind so gern die Brust geben. Es macht mich traurig." – „Aber er sagt, daß du's nicht kannst, Schatz. Er ist seit vielen Jahren unser Hausarzt, und er ist sehr gut." – „Ich weiß, Joe, ich weiß." Ich machte eine Pause. Ich wollte ihn fragen, ob es ihm nicht möglich wäre, uns eine eigene Wohnung zu suchen, aber ich wußte ja, daß wir uns keine leisten konnten. „Liebling?"

„Was ist?"

„Ich dachte eben, wie schön es wäre, wenn wir irgendwo unsere eigene Wohnung hätten." – „Liebes, ich weiß, daß es nicht leicht für dich ist. Aber wir müssen uns noch eine Weile damit behelfen. Du weißt, daß wir uns eine eigene Wohnung nicht leisten können – jedenfalls momentan nicht." Ich wußte, daß er recht hatte. Nur war jetzt alles noch unangenehmer als zuvor. Jede Bewegung, die wir machten, konnte man unten bei Nana und Nanu hören. Nana wußte alles über uns. Nana wußte, wer aufgestanden war und welches Kind gerade weinte. Tag und Nacht bekam sie einfach alles mit. Ich wußte, daß sie sich einsam fühlte, aber auch wir brauchten unsere Privatsphäre. „Ich weiß."

„Gut, Schatz. Wir sehen uns später. Gib mir einen Kuß. Was täte ich ohne dich? Ich liebe dich so sehr." – „Ich liebe dich auch, Joe."

Ich fand es merkwürdig, daß ich mich im Grunde nicht besonders geliebt von ihm fühlte, aber ich versuchte, mir einzureden, daß ich mir das nur einbildete. Schließlich hatte ich ja gerade eben ein Baby von ihm bekommen. War das etwa kein Beweis dafür, daß er mich liebte? Für mich war sein tägliches „ich liebe dich" einfach wundervoll, und obwohl ich diese Worte mehr als irgend etwas sonst auf der Welt liebte, wunderte ich mich, daß sie kein gutes Gefühl in mir auslösten. Vielleicht bestand Liebe nicht so sehr in Worten, sondern in Taten, dachte ich manchmal. Aber niemand sollte von diesen Gedanken erfahren, vor allem nicht meine Mutter.

* * *

„Meine Mutter findet, wir sollten die Meinung eines anderen Arztes einholen." – „Schatz, wir können Dr. Angelotti vertrauen. Er ist wirklich ein guter Arzt. Außerdem – wie sollten wir einen anderen Arzt überhaupt bezahlen, wo wir doch schon die vielen anderen Rechnungen zu begleichen haben?" – „Ich weiß, daß die Rechnung für die Medikamente horrend hoch ist. Der Grund ist, daß Joey alle drei Wochen krank wird und Penizillin so teuer ist. Meine Mutter meint, wir sollten einen anderen Arzt zu Rate ziehen, falls dem Jungen wirklich die Mandeln herausgenommen werden sollen. Vielleicht könnten wir Dr. Angelotti bitten, uns nicht so viel zu berechnen." – „Das habe ich schon getan, Schatz, und er hat gesagt, es wäre ihm egal, wann wir ihn bezahlen. Wir können uns also soviel Zeit lassen, wie wir brauchen." – „Meine Mutter macht sich zudem Sorgen wegen all der Medikamente, die Dr. Angelotti mir verschreibt. Immer wenn ich ihm erzähle, daß ich mich so müde fühle, gibt er mir einfach ein anderes Medikament. Eine Unmenge Pillen – wenn man es einmal bedenkt. Und keine scheint zu wirken. Manchmal habe ich das Gefühl, ich würde den Tag nicht durchstehen." – „Ja, Schatz. Ich weiß auch nicht, warum du immer so müde bist. Ich wünschte, es wäre anders." – „Nana sagt, das ist ganz normal; ich habe drei kleine Kinder und bin zudem wieder schwanger. Sie meint, das wäre einfach zuviel für mich." – „Das hat Nana gesagt?"

„Ja. Ich hab' ihr darauf geantwortet, das wäre schon in Ordnung. Aber ich will dir jetzt mal was sagen – du darfst aber nicht böse werden, ja?" – „Hat es denn mit mir zu tun?"

„Ja, du solltest eigentlich wissen, warum ich immer müde bin. Die Wahrheit ist, daß ich Nacht für Nacht zuwenig Schlaf bekomme, weil du immer mit mir Liebe machen willst." – „Daran kann ich nichts ändern. Das habe ich dir doch schon gesagt. Es erregt mich einfach so sehr, wenn ich neben dir liege." – „Vielleicht könntest du es trotzdem ein bißchen einschränken. Ganz gleich, was ich gerade tue – von dem Augenblick an, wo du ins Bett steigst, vögelst du mich. Und nicht nur ab und zu, nein, jede Nacht ohne Pause." – „Ich könnte ja auf der Couch schlafen."

„Nein, ich will nicht, daß du auf der Couch schläfst, und das weißt du. Nur manchmal ist mir das einfach zu viel." – „Es tut mir leid, mein Schatz. Das ist doch nur, weil ich dich so liebe, weil ich dir nahe bin. Ich weiß auch nicht, wie ich das ändern könnte. Hat der Arzt etwas wegen deiner Schwangerschaft gesagt?" – „Nichts, außer, daß ich eben schwanger bin. Er sagt ja nie viel." – „Ja, ich weiß. Aber er ist ein guter Arzt, und das allein zählt." – „Ich möchte jetzt zu Bett gehen. Kommst du auch?"

„Ich glaube, ich gehe noch kurz nach unten, um Papa hallo zu sagen. Mal sehen, was es dort zu essen gibt. Ist dir das recht?" – „Natürlich. Gute Nacht – ich liebe dich."

„Ich liebe dich auch, Schatz."

Jedes Jahr hatten wir ein weiteres Kind. Da wir nun im ersten Stock wohnten und nicht mehr im Souterrain, ging Joe jetzt immer hinunter, um Nanu aufzusuchen, statt nach oben. Ansonsten war alles beim alten geblieben.

* * *

„Das hättest du Nana nicht sagen sollen."

„Was?"

„Das ich nicht bei dir war."

„Joe, du weißt, daß ich nicht aus diesem Grund angerufen habe. Ich habe angerufen, um herauszufinden, wo du warst; ich dachte, sie wüßte es vielleicht! Joey kam aus dem Operationssaal und hatte gleich darauf einen solchen Blutsturz, daß das ganze Krankenzimmer voll war. Das Blut sprudelte nur so heraus. Ich hatte eine fürchterliche Angst um ihn. Du hattest doch zuerst gesagt, du würdest mitkommen. Aber dann warst du heute morgen zu müde, und jetzt wirst du vielleicht noch behaupten, es sei alles meine Schuld, weil ich dich nicht aus dem Bett geholt habe! Aber ich finde, du müßtest eigentlich aus eigenem Antrieb aufstehen. Ich war gezwungen, mit deinem Bruder ins Krankenhaus zu fahren. Zum Glück war wenigstens er auf, sonst hätte ich den Bus nehmen müssen wie sonst. Ich bin fix und fertig. Unser Kind ist operiert worden. Ich habe Nana nicht angerufen, um ihr zu ‚verraten‘, daß du nicht da warst. Ich wollte einfach wissen, wo du stecktest. Dieses eine Mal hättest du wirklich an meiner Seite sein sollen." – „Ich weiß, Schatz. Es tut mir leid, wirklich leid. Ich konnte diese Versammlung einfach nicht verlassen." – „Ich habe deine Versammlungen satt. Sie sind immer wichtiger gewesen als wir. Immer. Und sie gehen mir auf die Nerven. Vielleicht sollte ich das nicht sagen, aber es stimmt." – „Es tut mir leid, Schatz. Bitte verzeih mir. Ich liebe dich so sehr. Ich ertrag' es nicht, wenn du böse auf mich bist." – „Ich bin nicht böse auf dich. Es ist nur … manchmal hätte ich einfach gerne ein bißchen Hilfe von dir." – „Ich weiß, Schatz. Und ich verspreche dir, daß es anders werden wird. Ich weiß auch nicht, wo ich meinen Kopf hatte. Aber du wirst sehen, jetzt wird es anders. Gibst du mir einen Kuß?"

* * *

„Er ist das süßeste Baby von allen. Findest du nicht, Mutter?" „Ja, Mary Cecile. Das sagst du jedesmal."

„Ich weiß. Alle sind wunderschön, aber schau ihn dir genau an. Hast du bei einem Neugeborenen jemals mehr Haare gesehen?" – „Alle deine Kinder haben viele Haare."

„Ich weiß, aber dieser Junge hat besonders viele. Ist er nicht unglaublich süß?" – „Ja, Mary Cecile. Wie oft wirst du mich noch fragen? Glaubst du, daß du dieses Baby stillen kannst?" – „Wie soll ich das wissen? Ich hoffe es. Ich versuche es jedesmal, das weißt du." – „Gehst du immer noch zu demselben Arzt?"

„Ja."

„Mary Cecile, wir leben in einer Zeit, wo die Leute zu Geburtshelfern gehen. Warum kannst du das nicht auch tun? Alle tun es." – „Wir haben einen guten Arzt, Mutter."

„Du glaubst einfach alles, was Joe Carlotti dir erzählt. Alles." Noch heute sehe ich den mir so vertrauten, mißbilligenden Ausdruck auf ihrem Gesicht. „Er ist mein Mann."

„Ich werde Daddy sagen, er soll mit Joe darüber sprechen, was ihr unternehmen könnt, damit ihr nicht jedes Jahr ein weiteres Kind bekommt. Wenn er es nicht fertigbringt, sich zu enthalten, solltest du vielleicht eine Zeitlang nach Perryville ziehen. Du kannst einfach nicht immer so weitermachen." – „Es ist nicht Joes Schuld. Mach' nicht ihn dafür verantwortlich. Ich bin schließlich daran beteiligt, und ich find' es schön, Kinder auf die Welt zu bringen." – „Aber Schatz, wie willst du denn das schaffen mit all diesen Kindern – und ohne Hilfe?" – „Ich schaff' es schon, Mutter. Mach dir keine Gedanken." – „Und er ist nie da, außer natürlich, um die Kinder zu zeugen. Aber es gehört mehr dazu. Kinder machen eine Menge Arbeit. Schau dich an. Du bist so furchtbar dünn geworden. Bist du wirklich glücklich?" – „Ja, Mutter. Ich bin sehr glücklich."

„Bist du sicher?"

„Ja, Mutter, ich bin mir sicher."

Und doch war richtig, was sie gesagt hatte. Kinder verlangten viel Engagement. Aber Joe bekundete keinerlei Interesse an seinen Kindern. Ich hatte keine Ahnung, ob er sich je ändern würde. Er war viel in der Gemeinde beschäftigt. Ich hielt ihn für allgemein beliebt. Er war zu allen gut – außer zu seiner Frau und seinen Kindern. Immer wieder versprach er mir, am Samstagmorgen zum Lebensmittelhändler zu gehen und nachmittags auf die Kinder aufzupassen, damit ich ausgehen konnte, wenn ich wollte. Da ich die ganze Woche über mit all den kleinen Kindern zu Hause war, freute ich mich

wirklich darauf, Samstag nachmittags eine Weile allein verbringen zu können. Aber er hielt sein Versprechen nur selten. Gewöhnlich schlief er den ganzen Tag lang und sagte
mir danach, wie leid es ihm täte. Aber ich glaubte ihm nicht
mehr, daß es ihm leid tat, denn er änderte sich nie. Aber
auch das konnte ich meiner Mutter nicht erzählen. Es wäre
ihr eine Genugtuung gewesen, wenn ich etwas Schlechtes
über ihn gesagt hätte, denn dann hätte sie über ihn herzie-
hen können, und das hätte ich mir nie verziehen. Ihre Lösung
auf alle Probleme lautete immer, ich solle mit den Kindern
wieder nach Perryville ziehen und dort ein „anständiges
Lebens" führen – was hieß, ein Leben ohne Sex. Aber ich
wollte Joe nicht verlassen, auch wenn ich manchmal von
meiner Lebenssituation sehr deprimiert war.

* * *

Ich glaubte wirklich von ganzem Herzen, die Dinge würden besser werden, als Joe eine neue Stelle antrat, bei der
er 10 000 Dollar im Jahr verdiente. Das war mehr Geld, als
ich mir überhaupt vorstellen konnte. Wir hatten in Father Pat
– einem Priester, der kürzlich seinen Dienst in der St. Mark's
Church begonnen hatte – einen neuen Freund gefunden. Maria ging jetzt in die erste Klasse, und die Schule machte ihr
großen Spaß. Joey war im Kindergarten. Wir hatten ein neues
Haus und ein weiteres Baby. Aber diesmal war es nicht so
schnell gegangen. Zwischen Anthony und dem neuen Baby
lagen zweieinhalb Jahre. Maria sagte, sie würde davonlaufen,
wenn das neue Geschwisterchen kein Mädchen wäre. Aber
für mich war das Wichtigste, daß das Baby gesund war. Als
Anthony geboren worden war, hatten alle gesagt: „Wieder ein
Junge. Na, vielleicht wird's das nächste Mal ein Mädchen."
Dabei waren sie doch alle so enttäuscht gewesen, als meine
Tochter Maria auf die Welt gekommen war! Ganz gleich, welches Geschlecht das Kind hatte, es war niemals das richtige.

* * *

„Wieder ein Junge, Nana. Ist das zu glauben? Jetzt haben wir noch einen Jungen. Und er sieht John so ähnlich, hat das gleiche helle Haar. Er ist bildschön. Wir werden ihn Christopher nennen." – „Das ist ein schöner Name." – „Danke, Nana."

Manchmal fragte ich mich, wieviel Nana wußte. Ich hatte den Eindruck, sie durchschaue mich. Ihr Blick sagte mir, daß sie wußte, wie einsam ich mich oft fühlte. Joes neuer Job hatte sich doch nicht so entwickelt, wie ich es mir vorgestellt hatte. Auch jetzt war er nie zu Hause. Und obwohl ich mich danach sehnte und hoffte, er würde mehr da sein, führte ich nun mein eigenes Leben mit den Kindern. Joe und ich gingen sonntags zwar zusammen zur Kirche, aber das war nur Show. Im Grunde gehörte er gar nicht richtig zu unserem Leben dazu. Am meisten liebte ich die Abende, die ich mit den Kindern zusammen verbrachte. Sie liebten die neuen Bilderbücher ebensosehr wie ich. Die Bilder darin waren wirklich wunderschön. Meine Mutter hatte immer gesagt, ich sei selbst ein großes Kind, und ich fand, damit habe sie wahrscheinlich recht. Ich wußte, daß sie mich damit demütigen wollte, aber ich nahm es als Kompliment. Als ich den Kindern vorzulesen begann, war es überhaupt das erste Mal, daß ich irgend jemandem vorlas. Das Schönste daran war, daß sie nicht an unpassenden Stellen lachten oder sich über mich lustig machten. Maria versuchte mir beizubringen, wie man bestimmte Worte richtig artikulierte. Ich wußte nicht, ob ich es je schaffen würde.

Ich werde mich immer an jenen Abend erinnern, an dem Joe früh nach Hause kam. Es war der Tag, an dem ich meine Kontrolluntersuchung gehabt hatte, die routinemäßig sechs Wochen nach der Geburt meines Kindes durchgeführt worden war. Es war immer der Tag, an dem der Arzt entscheiden würde, ob alles in Ordnung wäre und ob ich wieder Geschlechtsverkehr haben könnte. Ich wußte im voraus, was sich abspielen würde. Joe würde mit hundertprozentiger Sicherheit so nett zu mir sein, als wären wir in unseren Flitterwochen. Es war der Abend, an dem er mir immer versprach, daß alles anders werden würde. Ich war bisher immer darauf eingegangen und hatte mit ihm geschlafen, aber an diesem Abend entschloß ich mich zum ersten Mal, nein zu sagen. „Also was hat der Arzt gesagt, Schatz? Alles o. k.?" Er küßte mich, aber ich zuckte innerlich zusammen. „Er war ekelhaft zu mir. Er brüllte mich an und verlangte, ich solle das Kind ab sofort mit dem Fläschchen füttern. Er behandelte mich wie den letzten Dreck." – „Und was hat er über dich gesagt? Bist du wieder ganz in Ordnung?" – „Ja, das bin ich. Und ich nehme an, du willst heute abend mit mir schlafen, oder?" – „Wer spricht davon?"

„Joe, der einzige Abend in unserem ganzen Eheleben, an dem du früh nach Hause kommst, ist immer der Abend nach meiner Kontrolluntersuchung sechs Wochen nach meiner Entbindung. Ich bin nicht so dumm, wie du denkst." – „Schon gut, Schatz. Was hat er über das Baby gesagt?" – „Er hat gesagt, der Kleine hätte kein bißchen zugenommen und ich solle ihn deshalb unbedingt mit der Flasche füttern." – „Stimmt das denn? Hat er kein bißchen zugenommen?" – „Nein."

„Dann hast du ihm also jetzt die Flasche gegeben?" – „Nein, noch nicht."

„Warum nicht?"

„Hör mal, normalerweise bin ich hier diejenige, die sich um die Kinder kümmert, oder? Hast du je schon mal erlebt, daß ich es nicht getan hätte?" – „Na schön, wann wirst du ihm die Flasche geben?"

„Ich habe noch nicht entschieden, ob ich's überhaupt tue." – „Was heißt das, du hast noch nicht entschieden?"

„Ich weiß noch nicht, was ich tun werde, aber ich glaube, ich werde weiterhin versuchen, ihn zu stillen." – „Aber wenn der Arzt dir rät, ihn mit der Flasche zu füttern, dann solltest du das auch tun. Mach dir doch nicht so viel Gedanken, tu's einfach. Offenbar kannst du nicht stillen. Warum so viel Aufhebens darum machen?" – „Okay, Joe."

Der Boß hatte sein Urteil gefällt. Gott hatte gesprochen. Alles, was ich zu tun hatte, war, seinen Befehlen zu folgen. Wie gewöhnlich hatte ich Angst, aber diesmal würde ich meinem Gebieter den Gehorsam verweigern. Ich würde diesem Kind die Brust geben. Und ich würde diese Nacht nicht mit ihm schlafen.

Er war stocksauer. Immer wenn ich einmal nicht mit ihm Liebe machte, obwohl er Lust hatte (oft tat ich so, als schliefe ich, wenn er von Nanu heraufkam und anfing, mich von hinten zu bedrängen), war er die ganze Nacht wütend – und zwar auf sehr geräuschvolle Weise: Er legte sich hin, stand wieder auf, drehte sich unaufhörlich herum, seufzte, lief durch die Wohnung, schlug die Türen zu, hustete, rauchte, schlug aufs Bett. Seit Jahren schon bekam ich nicht mehr genug Schlaf. Ich wußte gar nicht mehr, was ausschlafen eigentlich war. Ich hatte eine ungeheure Wut im Bauch. Er mußte das einfach einmal erfahren. Es war mir egal, ob er danach nicht mehr nach Hause käme. Am nächsten Abend hatten wir wieder ein Gespräch.

„Hast du heute begonnen, Christopher mit der Flasche zu füttern?" – „Nein."

„Was heißt ‚nein'?"

„Ich meine damit: Nein, ich habe nicht damit begonnen. Ich habe ihn zu einem anderen Arzt gebracht, das heißt, Leslie hat mich zu einem anderen Arzt gefahren – einem Spezialisten für Säuglingspflege." Mein Herz klopfte so heftig, daß ich sehen konnte, wie meine Bluse sich bewegte. „Und was hat er gesagt?"

„Er sagte, ich könnte ihn durchaus stillen."

„Und woher sollen wir das Geld nehmen, um einen anderen Arzt zu bezahlen?" – „Ich weiß nicht, woher wir es nehmen sollen und, ehrlich gesagt, ist es mir auch egal." – „Es wird immer irgendwo einen Arzt geben, der bereit ist, dir das zu sagen, was du hören willst. Wir haben schon einen guten Arzt. Du wolltest einfach jemanden, der dir sagte, daß du recht daran tust, das Baby zu stillen. Du woll-

44

test einfach jemanden, der dir sagte, was du hören wolltest. Und unsere Kinder müssen darunter leiden. Du bist wohl verrückt geworden." – „Ich bin nicht deswegen zu ihm gegangen!" rief ich, „sondern weil ich eine Freundin habe, mit der ich über das Stillen gesprochen habe – eine Freundin, die sich um mich Sorgen macht." Tränen rannen aus meinen Augen. „Und sie nahm mich zu einem Arzt mit, der sich mit dem Stillen von Säuglingen auskennt. Er ist Kinderarzt. Er war freundlich und nett und sehr einfühlsam. Er gab mir das Gefühl, wichtig und etwas Besonderes zu sein. Er fand auch, daß unser Kind etwas Besonderes ist. Er hat mir etwas sehr Interessantes erzählt, nämlich daß die angehenden Ärzte auf der Universität in den letzten zwanzig Jahren nichts über Säuglingspflege gelernt haben. Seit Jahren gibt es keine Vorlesungen darüber. Und dann hat er noch gesagt ..." Ich schluchzte. Joe unterbrach mich. „Es ist mir ganz egal, was der Arzt gesagt hat. Wir haben bereits einen guten Arzt. Ich finde, es war ziemlich kindisch von dir, einfach zu einem anderen Arzt zu rennen. Und außerdem bin ich nicht bereit, ihn zu bezahlen; deswegen habe ich keine Ahnung, wie du die Rechnung begleichen wirst." Seine Stimme klang überheblich und bedrohlich. „Vielleicht kann ich das Geld von Leslie bekommen. Ich werde jedenfalls auch weiterhin zu diesem Arzt gehen, und ich werde dieses Kind stillen. Und wenn ich nichts anderes in meinem Leben zustande bringe – ich werde dieses Baby stillen. Diesmal lasse ich mich nicht von dir unter Druck setzen. Ich gehe nie mehr zu Dr. Angelotti." Ich versuchte, meine Stimme fest und bestimmt klingen zu lassen. „Ich habe fünf schreckliche Entbindungen mit diesem widerwärtigen Kerl durchgestanden. Und wo warst du währenddessen? Stolziertest in der Gegend herum wie ein Gockel. Wenn ich dich schon sehe, bekomme ich eine Gänsehaut. Und steck' mir nicht jede Nacht dein Ding hinten rein! In der nächsten Zeit werde ich jedenfalls nicht mit dir Liebe machen ..." Ich war überzeugt, daß er mich schlagen würde. Ich drehte ihm den Rücken zu und sprach unter Tränen weiter: „Wenn man das, was wir da treiben, überhaupt ‚Liebe machen‘ nennen kann. Ich will nicht sofort wieder schwanger werden. Ich habe fünf kleine Kinder. Und du kümmerst dich keinen Deut um sie. Du hast gefälligst zu akzeptieren, daß ich dieses Kind stillen werde, und wenn du mich daran hindern willst, mußt du mich schon erschießen. Und belästige mich in Zukunft nicht mehr.“ Ich schloß meine Augen, als er nahe an mich herantrat. „Ich habe dich nie gezwungen, mit mir zu schlafen“, sagte er und stellte sich dabei auf die Zehenspitzen, um größer zu sein als ich. „Vielleicht nicht, aber wenn ich nicht dazu bereit bin, erlebe ich – milde ausgedrückt – einen Alptraum. Glaubst du, ich kenne all deine kleinen Spielchen nicht?“ – „Ich habe keine Ahnung, wovon du sprichst“, antwortete er mit gespielter Arglosigkeit. „Ich bin es leid, zu weinen. Bitte, laß mich in Ruhe, Joe.“ – „Ist es meine Schuld, daß du weinst?“

„Laß mich in Ruhe, Joe.“

„Von mir aus. Immerhin habe ich genauso viele Kinder gezeugt wie mein Vater“, sagte er prahlerisch.

* * *

Ich war zunehmend von den schulischen Belangen meiner Kinder und den Aktivitäten in der Kirche in Anspruch genommen. Es war eine freie Stelle für einen Organisten ausgeschrieben worden, der sonntags bei einigen Messen zu spielen hatte. Die Herausforderung reizte mich. Ich hatte nicht mehr an der Orgel gesessen, seit ich von Perryville weggezogen war. Doch wenn ich sonntags bei der Messe Orgel spielte, bedeutete das, daß ich zuvor alle Kinder für die Kirche zurechtmachen und dann an den sieben Wohnblocks entlang mit ihnen zur Kirche laufen mußte, was mich regelmäßig ins Schwitzen brachte, selbst mitten im Winter. Und jeden Sonntag, nachdem alles vorüber war, fragte mich Joe auf dieselbe mitfühlende Art, warum ich ihn nicht geweckt habe, denn er hätte mir gerne mit den Kindern geholfen … Ich bat ihn nicht mehr, rechtzeitig aufzustehen. Ich bat ihn um nichts mehr. Aus heiterem Himmel kündigte er eines Tages ganz aufgeregt an, er wolle zu einem zweiwöchigem Seminar nach Utah reisen. Mir war es mittlerweile vollkommen gleichgültig, wohin er fuhr oder was er tat.

„Es tut mir leid. Es tut mir so leid, bitte verzeiht mir." Nach zwei Wochen war er wieder da, warf seinen Koffer auf den Boden und rief uns alle ins Wohnzimmer. „Verzeiht mir, denn ich kenne meine Kinder nicht. Ich weiß noch nicht einmal, wann sie Geburtstag haben. Ich gehörte gar nicht zu ihrem Leben dazu. Ihr müßt mir verzeihen, denn ich habe mich geändert. Von jetzt an werde ich Zeit mit dir und den Kindern verbringen, Mary. Ich habe in diesen zwei Wochen in Utah so viel über mich selbst gelernt. Die Dinge werden von nun an anders. Ich weiß, ich habe das auch zuvor schon gesagt, aber diesmal meine ich es auch. Mary, ich liebe dich so sehr." Er wischte sich über die Augen. Ich war nicht sonderlich beeindruckt. Ich hatte solche und ähnliche Worte einfach schon zu oft von ihm gehört. Es hatte an einem Sensitivitätstraining teilgenommen. So jedenfalls wurde es genannt. Eine Woche lang kam er jeden Abend zeitig nach Hause. Es war fürchterlich. Er hatte keine Ahnung, was er eigentlich tun sollte, und machte mich und die Kinder ganz nervös. Er ging in der Wohnung herum und sagte immer wieder, er würde jetzt irgendeine wichtige Verabredung versäumen. Ein paarmal sagte eines der Kinder: „Warum gehst du dann nicht zu dieser Verabredung, Dad? Uns geht's gut hier." So lange hielt die ominöse Änderung dieses Mannes an – eine ganze Woche. Aber mich kümmerte das nicht weiter. Ich war in letzter Zeit sehr beschäftigt gewesen. Father Pat hatte mir anvertraut, wie sehr ihm daran gelegen sei, Leute in der Nachbarschaft zu erreichen, die nicht zur Kirche kamen. Wir beide wußten, daß er persönlich zu ihnen hingehen mußte, und so hatte er sich entschlossen, zu diesem Zweck einen Laden zu mieten. Wir arbeiteten zusammen, und ich liebte diese Beschäftigung.

In den vergangenen zwei Jahren hatte ich, ehe ich abends zu Bett ging, versucht, laut das entscheidende Wort auszusprechen. Ein paarmal war es mir auch schon gelungen – aber nur im Flüsterton. Was würden die Leute sagen? Ich schlief noch immer mit Joe, auch wenn ich schreckliche Angst hatte, ich könnte wieder schwanger werden. Ich hatte das Gefühl, ich würde nach und nach innerlich absterben. Nur die Kinder hielten mich am Leben. Die Leute sagten mir, ich sähe schlecht aus. Das war noch geschmeichelt, denn in Wirklichkeit sah ich geradezu grauenhaft aus. Ich versuchte es wieder – versuchte, mich zu weigern, mit ihm zu schlafen. Ich war dazu einfach nicht mehr imstande. Wenigstens konnte ich jetzt einige meiner Gedanken mit Father Pat teilen. Jedoch nicht alle, denn immerhin war er Geistlicher. Natürlich machte es das noch unangenehmer, Joes Fragen zu ertragen, die er mir über ihn stellte. „Hast du ihn so gern wie du John Quinn?"

„Ja."

„Hast du ihn so gern wie du Dan Huber? Hast du sie alle beide gleich gern?" „Was heißt das – gleich? Ich habe sie gern, ja."

Wie gern hatte ich diesen Father Pat? Jeden Abend gab es ein neues Verhör. Ich wußte es selbst nicht, ich hatte ihn eben gern. Er war ein guter Freund, das wollte ich nicht abstreiten. Na und? Ich mochte viele Menschen. Und ich sagte es ihm auch. Ich fand, er solle endlich mit dieser Fragerei aufhören. Er versuchte, aus einer Mücke einen Elefanten zu machen. Wir waren Freunde. Er fand mich fähig und kompetent. Offenbar ertrug Joe die Vorstellung nicht, daß mich jemand für fähig und kompetent hielt. Ich würde mir diesen Freund nicht nehmen lassen. Ich hatte im Laufe der Jahre schon zu viele verloren. Ich hatte immer gedacht, das läge auch mit an mir. Nun, jetzt war ich anderer Meinung. Kurz bevor sie von Chicago fortgezogen waren, hatten mir Dan und Diane Huber gesagt, wie sehr sie mich mochten – wie gern sie alles nur Mögliche für mich täten und daß sie mich in letzter Zeit nur deshalb nicht mehr besucht hatten, weil sie einfach nicht mitansehen konnten, wie schlecht Joe mich behandelte. Doch hatten sie sich niemals eingemischt. All die letzten Monate, in denen sie noch in Chicago gewesen waren, hatte ich gedacht, sie könnten mich nicht mehr leiden. Wie hatte Diane versucht, mir zu helfen! Immer wieder hatte sie mich angerufen und mir gesagt, ich solle auf jeden Fall Bescheid geben, wenn ich etwas brauchte. An dem Tag, an dem die beiden Chicago verließen, hatte ich mir geschworen, mir nicht noch einmal einen Freund nehmen zu lassen. Nun war Father Pat eine Art Test, und ich war nicht bereit, diesen Freund Joes wegen aufzugeben. Aber ich hatte nicht nur diesen Entschluß gefaßt; er hatte mich in letzter Zeit so schikaniert, daß ich nicht mehr mit ihm leben wollte – ich beabsichtigte, mich scheiden zu lassen. Ich war in der Küche und sehr nervös. Ich hatte die Wandschränke so lange geputzt, bis sie wie neu aussahen. Die Lampe aus dem Nebenzimmer erhellte den Raum nur schwach. Ich saß am Küchentisch, über einige Notizen gebeugt, mit dem Gesicht zum Garten, und wandte ihm den Rücken zu, als er durch die Küchentür kam. Er wußte, daß etwas los war. Mein Inneres krampfte sich zusammen. „Ich will mich von dir scheiden lassen, Joe."

„Wie bitte?"

„Wie höflich du sein kannst. Ich sagte, ich will mich von dir scheiden lassen." „Einfach so? Du willst eine Scheidung?"

„Nein, nicht ‚einfach so'. Glaub' mir, ich habe lange mit mir gerungen. Aber jetzt bin ich mir sicher." Meine Stimme bebte. „Hat es irgendeine Bedeutung, was ich darüber denke?" – „Nein, nicht wirklich. Nicht mehr. Es ist mir gleich, was du denkst." Ich sprach so leise, daß ich kaum meine eigene Stimme hören konnte. Das war kein Traum. Ich hatte es tatsächlich gesagt. Mein ganzer Körper zitterte. Bitte, bitte, verschwinde, dachte ich. Er tänzelte auf und ab, wie er es manchmal tat, wenn er wütend war. Rauchte. Tänzelte. Funkelte mich an. Ich stand nun an die Wandschränke gelehnt da. Dann ging er hinauf, um mit „seinen

Kindern" zu sprechen. Was sollte ich jetzt tun? Die Kinder –
ich hatte für fünf kleine Kinder zu sorgen. Ich mußte mich
zusammenreißen. Sei stark, sagte ich zu mir. Sei ganz ruhig,
laß ihn nicht spüren, daß du Angst hast. Ich würde Geld
brauchen, einen Job – einen Job? Er kam die Treppe hinunter. Sei stark für deine Kinder, ermahnte ich mich noch einmal. Sie spähten verstohlen um die Ecke. Scheidung, hatte
ich das Wort wirklich gesagt? Ich wußte, wenn ich Ernst
damit machte, würde keiner aus seiner Familie mehr etwas
mit mir zu tun haben wollen. Ich, eine Katholikin, wollte
mich scheiden lassen. Sie würden sagen, ich hätte Schande
über sie gebracht. „Ich gehe jetzt weg. Ich muß nachdenken."

Die Tür schlug zu, und er war fort. Ich mußte mich beruhigen. Ich hatte keine Ahnung, wie ich das alles durchstehen würde. Ich hatte fürchterliche Angst. Aber ich hatte
mich ja mein ganzes Leben lang gefürchtet. Ich wußte nicht
wie – aber meine Kinder und ich würden es schaffen. Ich
erzählte es meiner Mutter und meiner Schwester; ein paar
Tage später auch meinem Bruder Tim. Damit begann eine
ganze Serie von täglichen Telefonanrufen meiner Mutter
und Carolyns, in denen beide mich heruntermachten und
mir mein Vorhaben auszureden versuchten. Von Joes Familie hörte ich nie wieder etwas.

Drittes Kapitel

Mich nicht einmischen?!

Das Brüllen hörte augenblicklich auf. Anthonys riesige schwarze Augen blickten mich starr an, während große Tränen seine kleinen roten Wangen hinunterrannen. Seine langen Wimpern blinzelten einmal, langsam wie in Zeitlupentempo. Die Luftfeuchtigkeit war an diesem Tag in Chicago besonders hoch, und sein kleiner Körper war schweißbedeckt. Ohne einen anderen Teil seines Körpers zu bewegen, hob Anthony langsam seinen Arm und schmierte mit seinem Ärmel eine Spur aus schwarzem Schmutz, Tränen und Rotz über sein ganzes Gesicht. Seine Augen blieben dabei weiterhin unverwandt auf mich gerichtet; er wartete auf meine Reaktion. „Wirklich, Anthony, ich glaube nicht, daß es so schlimm ist. Komm her und laß mich dein Gesicht abwischen." Roslyn streckte die Hand aus und wischte mit einem feuchten Waschlappen, der an einer Ecke der Küchenspüle lag, sanft über sein Gesicht. „Jetzt kannst du wieder rausgehen und mit den anderen Kindern spielen." Roslyn ging wieder zum Tisch und trank noch einen Schluck von ihrem Coke, wobei sie mir verständnisvoll zuzwinkerte. Ich sah zu, wie Anthony so schnell, wie ihn seine kleinen Beine trugen, in den Garten rannte und sein Spiel wieder aufnahm. Dann drehte ich mich zu meiner Freundin um und schaute sie erstaunt an. Sie mußte etwas wissen, was mir unbekannt war. Wie war es ihr gelungen, ihn so schnell wieder zu beruhigen? Ich stand auf, leerte den Aschenbecher in den Abfalleimer und wischte ihn mit einer sauberen Papierserviette aus. Es war eine nervöse Geste, die ich oft ausführte. Anthony schrie immer wie am Spieß – und das unzählige Male am Tag. Joey schickte ich eins ums andere Mal auf sein Zimmer, nachdem ich ihm eine ordentliche Tracht Prügel verabreicht hatte. Und da waren meine ewigen Strafpredigten, Tag für Tag, Woche für Woche. Immer sagte ich ihnen, sie sollten einander lieben und sich gegenseitig nicht weh tun. Manchmal verprügelte ich sie. Manchmal schickte ich sie auf ihre Zimmer. Aber nichts schien je eine nachhaltige Wirkung zu haben. Nichts hatte sich je geändert, außer daß die Streitereien noch heftiger geworden waren und jetzt schon viel früher anfingen. Sie begannen nun bereits um fünf Uhr morgens! Noch ehe ich aus dem Bett stieg, spürte ich einen Knoten im Magen. Ich wußte, daß ich mit meinem Latein am Ende war. Ich hatte schon erwogen, den Tag damit zu beginnen, daß ich sie gründlich durchprügelte, noch ehe ich ihnen überhaupt guten Morgen sagte. Ausprobiert hatte ich es jedoch noch nicht. Auch hatte ich sie nie auf den Kopf geschlagen, wie ich es bei anderen Müttern gesehen hatte. Trotzdem fragte ich mich zuweilen, ob ich ihren Zankereien vielleicht endgültig ein Ende setzten könnte, wenn ich sie einmal fest mit dem Kopf gegen die Wand knallte. Jeden Tag ging das so – und dann war Roslyn in mein Leben getreten. Sie kam zur Küche herein, sprach mit leiser Stimme auf meinen kleinen Schreihals ein, und er hörte augenblicklich auf zu brüllen. Ich starrte sie baß erstaunt an. Roslyn stand auf, ging hinüber zum Fenster und schaute hinaus. Dann drehte sie sich langsam um und lehnte sich anmutig gegen die Wandschränke. Wie schön sie ist, dachte ich. Man sah ihr an, daß sie jahrelang als Model gearbeitet hatte. „Mary, deine Kinder zanken sich, um deine Aufmerksamkeit zu erringen", sagte sie mit Bestimmtheit. „Deswegen streiten sie sich." – „So etwas habe ich noch nie gehört, Roslyn. Was meinst du mit meiner ‚Aufmerksamkeit'? Das ist das Verrückteste, das ich je gehört habe." Angewidert langte ich nach der Coke-Flasche, die auf dem Wandschrank stand. „Ich verstehe dich", sagte Roslyn. „Auch ich fand es verrückt, als ich es zum ersten Mal hörte, aber es stimmt. Kinder streiten, um die Aufmerksamkeit ihrer Eltern zu erringen, und je mehr sich die Eltern in die Streitereien einmischen, desto schlimmer wird es. Anstatt daß die Kinder also aufhören, wie es unser Wunsch ist, wird es noch ärger. Und wir machen es noch schlimmer mit all unseren Ermahnungen und Strafen, mit denen wir sie doch eigentlich zum Aufhören bewegen wollen." Sie nahm ihr Coke-Glas vom Tisch, trank einen großen Schluck und schaute mich dabei an; offenbar erwartete sie, daß ich antwortete. Ich hatte zwar Lust, über ihre Bemerkung zu kichern, doch irgendwie hoffte ich auch, sie könne recht haben. Unsere Kinder stritten um unsere Aufmerksamkeit? Es klang verrückt! Und doch war Anthony wieder hinausgegangen, ohne weiterzujammern oder zu schreien. Und doch hatte ich noch nie eine so lange Ruhepause zwischen zwei Streiten erlebt, seit Roslyn und ich zusammen dagesessen waren und Coke getrunken hatten. Könnte in dem, was Roslyn sagte, ein Körnchen Wahrheit stecken? „Begleite mich doch einmal donnerstags zum Child Guidance Center, dem Erziehungsberatungszentrum am River Park. Das ist die Einrichtung, von der ich dir schon erzählt habe, wo so viele Mütter hinkommen, um etwas über Erziehung zu lernen. Ein paar Väter kommen auch. Willst du mich einmal begleiten und sehen, was sich da abspielt?" Roslyn sagte das in einem fast bittenden Tonfall. „Ich weiß, ich habe dich schon ein dutzendmal gefragt, aber bitte komm doch einmal mit! Nur ein einziges Mal!" – „Laß mich darüber nachdenken, ich geb' dir Bescheid." Ich stellte mein Glas in die Spüle, in der Unmengen schmutziger Teller standen, und fuhr mir nervös mit den Fingern durchs Haar. Die Gedanken überschlugen sich in meinem Kopf. Was hatte ich zu verlieren? Schlimmer konnten die Dinge nicht mehr werden. Ich war jetzt schon halbverrückt von dieser ganzen Scheidungsprozedur. Ich hatte fünf kleine Kinder zu ernähren, einzukleiden und rundherum zu versorgen mit den lumpigen 60 Dollar in der Woche, die ich von Joe bekam. Warum mußte er seine Wut an den Kindern auslassen? Wie sollten wir mit so wenig Geld leben? Ich war ständig in Sorge. Würde das nie mehr aufhören? Wenigstens hatte ich es fertiggebracht, ihm zu sagen, daß ich die Scheidung wollte, und zog sie tatsächlich auch durch. Noch ein Jahr zuvor hätte ich das Wort „Scheidung" gar nicht über die Lippen gebracht. Und jetzt bekam ich, was ich gewollt hatte, dank der moralischen Unterstützung von meinem Freund Father Pat. Ich schaute auf und sah, daß Roslyn geduldig auf eine Antwort wartete. Wenn ich hinging, würde sie mir zumindest fortan nicht mehr damit in den Ohren liegen. Tatsächlich hatte sie zuweilen merkwürdige Ansichten, aber es interessierte mich zu hören, woher sie stammten. „Gut", sagte ich, „ich komme mit dir."

„Juchuuu!" rief Roslyn und umarmte mich fest. Dann griff sie nach ihrer Handtasche und ging zur Hintertür, um ihre Jungen zu rufen. Mir war schon früher aufgefallen, daß ihre beiden Kinder Robert und Richard, sobald ihre Mutter ihnen sagte, es sei Zeit nach Hause zu gehen, sich stets – ohne Aufhebens zu machen – von ihren Spielkameraden verabschiedeten. Und sie waren erst zwei und vier Jahre alt! Nachdem ich meine Kinder an diesem Abend ins Bett gebracht hatte, begann ich, wie immer, das Haus zu putzen. Ich hatte da mein System: Zuerst sammelte ich alle schmutzigen Kleider aus den Kinderzimmern und dem Badezimmer ein, trug sie hinunter in den Keller und stellte die Waschmaschine an. Ich fürchtete mich immer davor, nachts in diesen Keller hinunterzusteigen, tat es aber trotzdem. Die Kleider mußten gewaschen werden, und ich hatte tagsüber keine Zeit dafür; also mußte ich es nachts erledigen. Dann ging ich wieder hinauf und reinigte die Fußböden; die Küche nahm ich mir dabei immer zuletzt vor. Ich mochte die Küche nicht und fragte mich manchmal, ob es wohl damit zu tun haben könnte, daß ich nie kochen gelernt hatte. Das Gute an diesem kleinen Haus war, daß es leicht sauberzuhalten war – abgesehen vom Küchenboden, der immerzu mit Sand vom Strand übersät zu sein schien, selbst im Winter. Und überall klebten ständig Erdnußbutter- und Marmeladereste. Mehrmals ging ich in den ersten Stock hinauf mit ganzen Haufen sauberer Kleider in den Armen und blieb jedesmal stehen, um einen Blick auf die unschuldigen Gesichter der Kinder zu werfen, die schlafend in ihren Betten lagen. Lächelnd schüttelte ich den Kopf. Wenn sie schliefen, sahen sie immer wie Engel aus. Maria hielt ihre Lieblingspuppe fest im Arm und sah einfach süß aus in ihrem rosafarbenen Nachthemd und den langen Haaren, die über das ganze Kissen gebreitet waren. Joey und Anthony lagen wieder einmal im gleichen Bett. Christopher, der sich an dem einen Ende seines Kinderbettchens zusammengerollt hatte, hielt das kleine Kissen fest, das John ihm jeden Abend gab. Es waren keine bösen Kinder, aber sie waren imstande, mir den letzten Nerv zu rauben. In diesen Stunden, in denen ich nachts das Haus putzte, hatte ich leider genug Zeit und Ruhe, um zu spüren, wie sehr ich von meiner Familie im Stich gelassen worden war. Ich wußte, daß das einzige, was von dieser Seite kommen würde, die quälenden, verletzenden Telefonanrufe waren, in denen meine Mutter und meine Schwester mich eine Sünderin nannten und mich für alle Zeiten zur Hölle verdammten. Joes Familie bedachte mich mit Schweigen, ließ mich zumindest aber in Ruhe – und mehr konnte ich wohl nicht erwarten.

Roslyn und ich beschlossen, daß jede in ihrem eigenen Wagen fahren sollte und wir uns am Center treffen würden. Mehr als zwei Kinder paßten nicht in Roslyns Auto. Das hatte sie mir schon oft gesagt. Sie wartete auf dem Parkplatz, bis ich mit meiner kleinen Schar aufkreuzte. Beide hatten wir nicht viel Zeit. Es war ein wunderbarer Herbsttag, die Bäume hatten eben begonnen, die Farbe zu wechseln. Die Kinder entdeckten sofort einen Spielplatz und schrien vor Entzücken auf. Ich wußte, daß die Spätsommertage nicht lange schön bleiben würden und daß wir jede Menge Schnee bekämen, noch ehe wir das neue Jahr 1971 begrüßen würden. „Können wir da drüben bei den Schaukeln spielen, Mami?" fragte Maria für sich selbst und ihre Brüder. „Kann ich auch?" rief Richard, Roslyns Jüngster.

„,Darf ich' – nicht ,kann ich'!" Wie immer verbesserte Roslyn das Englisch ihrer Kinder. Richard und Robert rannten stets den größeren Kindern hinterher, und meine Kinder waren eben „die großen Kinder". Roslyn und ich schauten uns an und lachten. „Aber sicher", antwortete Roslyn. Im Nu waren die Kinder auf den Spielplatz gerannt. „Sie müssen einfach immer alles nachmachen", sagte Roslyn und wir kicherten. Ich hatte keine Ahnung, was ich in diesem Erziehungsberatungszentrum erleben würde, das wir nun betraten; ich vertraute Roslyn, meiner Freundin, war aber dennoch etwas ängstlich. Manchmal benahm sie sich geradezu geheimniskrämerisch, was die „Demonstrationen" und die Ideen anging, von denen sie dort erfuhr. Besonders wegen dieser „Demonstrationen" hatte ich ihr schon oft Fragen gestellt. Doch jedesmal hatte sie ziemlich ausweichend geantwortet. Beispielsweise sagte sie: „Du mußt einfach kommen und dir das selbst ansehen. Ich kann es nicht erklären." Dann lächelte sie, warf ihr schönes, langes Haar auf die eine Seite und schwieg. Wenn ich mein Spiegelbild in einer Fensterscheibe erblickte, wurde mir immer aufs neue bewußt, daß mein Körper ausdrückte, was mein Kopf und mein Herz fühlten. Gewiß war ihr aufgefallen, wie mitleiderregend ich aussah. Alle meine Knochen standen heraus – von den Hüften bis zu den Wangen. Meine Haare hatten immer irgendwie abgestanden und waren stets in Unordnung gewesen, wie meine Mutter oft bemerkte. „Das Haar dieses Mädchens stand seit dem Tag ihrer Geburt ab. Ganz egal, was wir versucht haben, nie konnten wir es bändigen." Meine Schultern hingen herunter, und meine Arme waren so dünn wie Stöcke. Ich bot wirklich keinen sehr erfreulichen Anblick. Nicht daß ich früher besonders hübsch gewesen wäre, aber jetzt sah ich noch häßlicher aus. Ich haßte es, mich im Spiegel zu sehen. Eine Fensterscheibe war schon schlimm genug, aber ein Spiegel war geradezu eine Qual. Wenn ich den Kindern wieder einmal eine meiner fürchterlichen Strafpredigten gehalten hatte, ging ich immer ins Badezimmer und weinte und betete dort darum, eine andere Methode der Erziehung zu finden. Wie viele Gebete würde ich noch benötigen? Ich fing an, mich ganz ernsthaft zu fragen, ob Gebete die Lösung wären, mit der man den Teufelskreis durchbrechen konnte, denn ich hätte nicht inbrünstiger beten können. Vielleicht war eine solche Demonstration nur ein weiterer erfolgloser Versuch, aber ich konnte sie mir zumindest einmal ansehen. Ich hatte keine Ahnung, wohin ich mich wenden würde, falls ich hier im Center nichts weiter dazulernte. Es gab keine festen Gefüge mehr in meinem Leben, wie es zuvor der Fall gewesen war. Die Tatsache, daß ich die Scheidung erreichte, war sicherlich ein Beweis dafür. Roslyn hatte mir einige Male erzählt, daß diese Sitzungen anders wären als jede Gruppen- und jede Einzelberatungssitzung, die ich je gesehen oder von der ich je gehört hätte. Auch hatte sie mir gesagt, es sei enorm wichtig, währenddessen innerlich aufgeschlossen zu bleiben. Ich solle zuhören und alles so gut aufnehmen, wie ich könne. Nach Beendigung der Sitzung würde Roslyn mir zusätzliche Erklärungen geben. Da die Sitzung in Kürze begann, holten wir die Kinder von den Schaukeln, brachten sie zur Sporthalle, wo sich das Spielzimmer befand, und gaben sie der Betreuerin in Obhut. „Sie ist die Leiterin des Spielzimmers", erklärte mir Roslyn, „und sie gibt am Ende der Sitzung über alle Kinder, die regelmäßig ins Center kommen, einen Bericht ab – wie sie zusammen auskommen, wie sie die Spielsachen miteinander teilen, wie sie sich gegenseitig behandeln. Wenn wir die Kinder nachher wieder abholen, geben wir der Leiterin fünfzig Cent pro Kind. Das ist ein sehr moderater Preis für Kinderbetreuung, findest du nicht?" Sie wartete meine Antwort nicht ab, sondern wandte sich zur Tür. Ich ging rasch hinter Roslyn in den Zuhörersaal. Wir folgten der Sitzung, in der eine Mutter von zwei kleinen Kindern über die Schwierigkeiten sprach, die sie im Erziehungsalltag hatte; sie erwähnte auch die Probleme beim Aufs-Töpfchen-Gehen eines ihrer Kinder und das fortwährende Quengeln des anderen Kindes. Ich hatte den Eindruck, daß der Berater sehr kurzangebunden, fast scharf antwortete. Nachdem die Mutter etwa fünfundvierzig Minuten geredet hatte, wurde sie gebeten, den Raum zu verlassen, damit der Berater allein mit den Kindern sprechen konnte. Die Kinder waren in ihren Antworten sehr offen und sachlich. Roslyn hatte recht; dies hier unterschied sich von allem, was ich bisher erlebt oder gehört hatte. Und ich fand es gräßlich! Die Mutter sprach mit dem Berater vor allen Leuten über ihre Probleme, als seien die beiden allein in einem Zimmer. Meine Erziehung hatte mich gelehrt, daß man mit niemandem über seine Probleme sprach. Niemals. Bring' keine Schande über die Familie, hieß es. Sag' immer nach außen hin, alles sei in bester Ordnung, selbst wenn du innerlich das Gefühl hast, du müßtest vor Kummer sterben. Diese Lektion hatte ich verinnerlicht. Ich würde nie vor all diesen fremden Leuten über meine Probleme reden! Wir holten die Kinder im Spielzimmer ab, bezahlten der Leiterin die geringe Gebühr und liefen zum Ausgang. Ich hoffte, niemand würde mich fragen, ob mir gefallen hatte, was ich da eben miterlebt hatte. „Nun, was meinst du?" fragte mich Roslyn sofort, als wir aus dem Gebäude traten. „Willst du meine ehrliche Meinung?" Ich lachte nervös. „Natürlich!"

„Nun, auf mich hat es einen ziemlich fürchterlichen Eindruck gemacht." Meine Stimme zitterte ein wenig. „Ich kann mir einfach nicht vorstellen, vor einer Menge fremder Leute über meine privaten Probleme zu sprechen." – „Laß uns nächste Woche wieder hingehen und sehen, was du dann denkst", meinte Roslyn, wobei sie meine Zweifel völlig überging. „Ich wette, dann wirkt es anders auf dich. Das alles ist nur ganz neu für dich. Man braucht etwas Zeit, um sich daran zu gewöhnen. Als ich zum ersten Mal eine Demonstration sah, habe ich genau dasselbe Gefühl gehabt wie du. Geh' zumindest noch einmal hin, um dir selbst eine Chance zu geben. Hast du heute eigentlich irgend etwas gelernt?" Roslyn war richtig aufgeregt. Ich beobachtete ihr Gesicht, während sie sprach. „Nun, ich war überrascht, als ich hörte, daß die meisten Probleme, die die Mutter zur Sprache brachte, auch meine eigenen sind." Roslyn lächelte. Offenbar war sie sich sicher, daß ich im Laufe der Zeit meine Meinung über das, was ich gesehen hatte, ändern würde. Vielleicht gehe ich tatsächlich wieder hin, dachte ich. Mit jedem Tag, an dem die Kinder sich stritten, fühlte ich mich ausgelaugter. „Ein Mann namens Dr. Dreikurs wird in ein paar Wochen nach Chicago kommen und eine Familiendemonstration leiten. Es ist der, von dem ich dir schon erzählt habe – der das Buch geschrieben hat, das ich dir so empfohlen habe. Sehr viele Leute werden kommen, um ihn zu hören, und ich will, daß du auch hingehst. Vielleicht könntest du mit deinen Kindern die Familie sein, mit der er an diesem Abend arbeitet. Na, Mary?" Roslyn blieb stehen und schaute mir in die Augen. „Was meinst du?" – „Ich weiß noch nicht, laß mich darüber nachdenken, Roslyn." Ich war ängstlich und nervös. Und doch spürte ich sehr deutlich, daß ich mehr erfahren wollte. Ich war oft so durcheinander und verzweifelt. Vielleicht wäre das für mich und meine Kinder eine einmalige Gelegenheit. Ich erklärte mich bereit, in der darauffolgenden Woche wieder hinzugehen und mir eine weitere Sitzung anzuhören, hauptsächlich, weil ich Roslyns Gefühle nicht verletzen wollte, aber auch, weil immerhin eine kleine Chance bestand, daß mir das im Umgang mit meinen Kindern helfen könnte. Beim nächsten Mal war ich nicht mehr schockiert über das, was sich vor meinen Augen abspielte. Ich war erstaunt, daß ich dieselben Gefühle und Erfahrungen, ja sogar dieselben Probleme hatte wie die Mutter, die beraten wurde. Sie sprach in derselben Weise über die Streitereien ihrer Kinder, wie ich über die meiner eigenen Kinder gesprochen hatte. Der einzige Unterschied bestand darin, daß diese Mutter nicht fünf Kinder hatte, sondern zwei. Als sie darüber sprach, daß ihre Kinder sich ständig gegenseitig verpetzten, hätte ich schwören können, daß sie über meine Kinder redete. Und doch kam sie aus einem ganz anderen Milieu als ich. Wie war es da möglich, daß wir dieselben Probleme hatten? Es hörte sich so an, als wenn wir dieselben Fehler machten. Fühlten den alle Mütter so? Unmöglich. Ich mußte da etwas mißverstanden haben.

Nach der Sitzung blieb Roslyn einen Augenblick stehen, um mit jemandem zu sprechen, den sie kannte, und ich wartete an der Tür auf sie. Als wir auf dem Parkplatz standen, drehte sie sich zu mir um. „Mary, hast du noch einmal über das nachgedacht, was ich dich letzte Woche gefragt habe? Ich muß dem Leiter hier morgen sagen, ob ihr, du und deine Kinder, die Familie sein wollt, mit der Dr. Dreikurs arbeitet, wenn er in zwei Wochen herkommt. Ich glaube ganz fest, daß du davon profitieren würdest. Es ist eine einmalige Gelegenheit!" Roslyns Augen leuchteten vor Begeisterung. Sie klang sehr überzeugend. „Nun, dann werde ich es wohl tun." Ich machte eine Pause. „Glaub' ich zumindest." Roslyn verstand mein Zögern.

„Oh, das ist wunderbar, Mary! Du wirst es sicher nicht bereuen. Du hast nichts zu verlieren. Nichts!" Damit stieg sie rasch in ihr Auto und gab mir keine Chance mehr, meine Meinung zu ändern. „Wir sprechen uns später, Mary!" rief sie, während sie den Wagen schon aus dem Parkplatz hinausmanövrierte. Ich stieg in meinen und fuhr ebenfalls nach Hause. Auf der Fahrt fragte ich mich immer wieder, ob ich wohl die richtige Entscheidung getroffen hatte. Ich wußte selbst nicht genau, was in mir vorgegangen war und warum ich meine ursprüngliche Meinung geändert hatte. Obwohl ich ein wenig nervös war, setzte ich auch Hoffnungen in die Begegnung mit diesem Dr. Dreikurs. Roslyn hatte recht, wenn sie fand, ich hätte nichts zu verlieren.

Fünftes Kapitel

Die Begegnung
mit Dreikurs

In der nächsten Woche ging bei uns zu Hause alles seinen gewohnten Gang: Streitereien. Prügel. Standpauken. Bestrafungen. Flüche. Ängste. Sorgen. Ich schrie sehr viel.
Wenn ich beim Frühstück saß, konnte ich nicht weiter als
bis zur Mittagszeit denken, zur Mittagszeit nicht weiter als
bis zum Abendessen. Ich war vollkommen vom gegenwär-
tigen Augenblick in Anspruch genommen. Wenn die Kinder sich nicht stritten, riefen meine Mutter und meine
Schwester an und putzten mich herunter. Oft machte ich
mir Sorgen, woher ich die nächste Mahlzeit nehmen sollte.
Glücklicherweise hatten wir wenigstens abends unsere Gute-
nachtgeschichten. Irgendwie brachten wir es fertig, auch
nach einem grauenhaften Tag diese friedliche halbe Stunde
zusammen zu verbringen. Und Abend für Abend schauten
sie mich bewundernd an, so als sei ich die beste Vorleserin
der Welt! Ich teilte den Kindern erst einen Tag davor mit,
daß wir an einer Familiendemonstration teilnehmen würden. Roslyn hatte mir geraten, es ihnen in ganz einfachen
Worten zu sagen. „Wir werden an der Familiendemonstration im Beratungszentrum teilnehmen. Es wird dasselbe
sein, was wir im letzten Monat erlebten, als wir mit Roslyn
da waren. Ich werde mit Dr. Dreikurs sprechen. Vielleicht
kann ich etwas Neues von ihm lernen." – „Warum? Warum
gehen wir da hin, Mami?" fragte Joey sofort und schob seine
dicken Brillengläser auf der Nase hoch. Alle Kinder hatten
meine schwachen Augen geerbt. „Ist es, weil wir uns so oft
zanken?" Christopher klang neugierig. „Ja, weil ihr euch so
oft zankt. Ihr alle streitet euch viel zu viel", antwortete ich
sachlich. Niemand stellte weitere Fragen; ich hätte ohnehin
nichts anderes antworten können. Ich hatte ihnen schon

hunderte Male gesagt, daß ich noch den Verstand verlieren würde, wenn sie sich so weiterstritten. Ich war mit meinem Latein am Ende. Das einzige, das ich mit Sicherheit wußte, war, daß ich noch immer eine Methode suchte, um meine Kinder anders zu erziehen als meine Mutter uns erzogen hatte. Vielleicht würde ich morgen anfangen, sie zu lernen. Als ich Father Pat erzählt hatte, daß ich an der Demonstration teilnehmen wolle, bestärkte er mich in meinem Vorhaben. Und nicht nur das – er selbst werde als Zuschauer hingehen, sagte er. In diesem Augenblick wußte ich, daß er mich wirklich sehr gern hatte. Ich wußte nicht, welche Art Liebe er für mich empfand, aber ich wußte, daß er mich liebte. Das war ein wunderbares Gefühl. Am darauffolgenden Abend war ich schon um 17.30 Uhr vollständig angekleidet und fertig zum Ausgehen. Ich spürte, wie meine zunehmende Nervosität meinen Magen verkrampfte. Die Demonstration sollte um 20 Uhr beginnen. Die Fahrt von unserem Haus bis zum Beratungszentrum dauerte etwa zwanzig Minuten. „Mami! Was sollen wir heute abend anziehen?"

„Ich habe eure Kleider schon auf eure Betten gelegt!" rief ich ihnen von meinem Schlafzimmer aus zu. Das war ein weiterer Vorteil eines kleinen Hauses. Ich konnte von meinem Zimmer aus mit ihnen kommunizieren, wenn ich laut genug brüllte. Ich hatte das einzige gute Kleid angezogen, das ich besaß. Ich nannte es meine „Uniform". Es war ein kleines marineblaues Kleid mit einer weißen Borte um den Kragen. Ich versuchte, mich ein wenig auszuruhen, während die Kinder sich ankleideten. Es kam mir so vor, als sei ich immer müde. Die meiste Zeit über hatte ich das Gefühl, ich und meine Kinder würden gegen die ganze Welt kämpfen. Nicht, daß ich keine Freunde hatte. Wahrscheinlich hatte ich sogar mehr Freunde als ich dachte. Aber das einzige Mitglied meiner Familie, das mich liebte, ohne mich zu verurteilen, war mein Bruder Tim. Er sagte immer wieder, er würde alles nur Erdenkliche für mich tun, aber er war Trinker, und der Alkohol hatte stets Vorrang. Ich setzte mich langsam im Bett auf. Es war Zeit, aufzubrechen. Mein Magen blubberte und verkrampfte sich, und ich mußte laut aufstoßen, als ich die Treppe hinunterging. Ich ging mit den Kindern ins Gold-Coin-Restaurant. Es war, als hätte ich sie ins Paradies geführt. Auswärts essen war ein absolut seltenes und ganz besonderes Vergnügen. Nachdem die Kinder kaum eine Minute lang die Speisekarte studiert hatten, wußten sie schon, was sie bestellen wollten. So sind Kinder nun einmal im Restaurant, dachte ich, nie müssen sie lange überlegen. „Wißt ihr alle schon, was ihr essen möchtet?" fragte ich, während die Bedienung geduldig wartete. „Ich weiß es schon, Mami. Ich will einen Hamburger. Kann ich einen haben?" fragte Joey sofort. „Ja, ist mir recht, Joey."

Alle folgten seinem Beispiel und bestellten Hamburger. Die Kellnerin sah erleichtert aus. Fünf kleine Kinder an einem Tisch zu bedienen, konnte eine schwierige Aufgabe sein. Ich sah zu, wie Maria Christopher half, sich richtig an den Tisch zu setzen. Joey half John mit seinem Stuhl. John führte Anthony auf die Toilette. Auch schon zuvor war mir aufgefallen, wie oft sie sich gegenseitig unterstützten. Die Kellnerin brachte ihre Cokes, und die Kinder fingen an, mit den Strohhalmen Luft hineinzublasen. Joey begann damit, John und Anthony machten es ihm sofort nach. Maria warf mir einen prüfenden Blick zu, um zu sehen, ob ich zuschaute, und zögerte. Ich schloß die Augen und hoffte inständig, sie würden sich einigermaßen ruhig verhalten. Dann kamen die Hamburger, und die Kinder aßen recht manierlich, aber es dauerte nicht lange, bis eines der Kinder Anthony unter dem Tisch einen Tritt versetzte. „Hör auf damit, Joey!" rief er laut.

Zum Glück sollte es die einzige Ruhestörung bleiben. Und die zählte nicht weiter, fand ich. Die Kinder benahmen sich stets gut, wenn ich mit ihnen ausging. Nur zu Hause brachten sie mich auf die Palme. Als wir das Restaurant verließen, lächelten die Leute uns an, als wir an ihren Tischen vorbeigingen. Ich war stolz auf meine kleine Schar. Auf dem Weg zu unserem Auto versuchte John, Anspruch auf den Vordersitz zu erheben. Joey rannte an ihm vorbei und schrie: „Nein, ich will ihn!" Selbstverständlich gewann Joey. Der Besitz eines Wagens war für uns alle eine neue Erfahrung. Bis vor einigen Monaten, als Dan und Diane Huber uns ihr kleines Auto geschenkt hatten, hatten wir immer die öffentlichen Transportmittel benutzt. Mir fiel auf, daß sich Joey immer unbedingt auf den Vordersitz setzen wollte. Ich bezeichnete ihn als egoistisch, weil er seine Geschwister nie vorließ, doch wenn ich nachts in aller Ruhe darüber nachdachte, fragte ich mich, ob er vielleicht den Platz seines Vaters einzunehmen versuchte. Ich wollte nicht, daß meine Kinder die Bürde trugen, die ich für meine Familie getragen hatte; daher verdrängte ich diesen Gedanken meist wieder. Als wir uns dem Beratungszentrum näherten, wurden die Kinder furchtsam und nervös. Auch ich hatte Angst. Meine Nervosität nahm zu, als ich das Gebäude nicht gleich finden konnte; aber Joey entdeckte es, und ich stieß einen Seufzer der Erleichterung aus. Es war Mitte November, dennoch schwitzte ich unter meinem Mantel. Rasch lief ich auf die Tür vor der erleuchteten Eingangshalle zu. Die Kinder folgten mir. In Situationen wie dieser mußte ich sie niemals zur Eile mahnen, da klebten sie an mir wie die Kletten. Roslyn hatte gesagt, ich solle nicht zu früh kommen. Die große Uhr in der Eingangshalle zeigte sechs Minuten vor acht an. Ich sah eine Tür, auf der „Zuhörersaal" stand, und öffnete sie einen Spalt, um einen kurzen Blick hineinzuwerfen. Eine riesige Menge drängte sich in dem Raum. Es mußten mindestens fünfhundert Menschen sein. Einen Augenblick lang gaben meine Knie nach, und ich dachte daran, kehrtzumachen, aber gleichzeitig wußte ich, daß ich unbedingt Hilfe benötigte. Faith, eine Frau, der ich schon bei anderen Veranstaltungen begegnet war, brachte die Kinder ins Spielzimmer. Dann führte sie mich auf das Podium, wo bereits die Stühle aufgestellt waren. Ich fragte sie, warum so viele Stühle da wären. Faith erklärte mir, sie seien für meine fünf Kinder gedacht, und dazu kämen noch die für mich und für Dr. Dreikurs. Ein Mann, der auf einem der Stühle saß, sprach zu den Zuhörern. Ich wußte sofort, daß dies Dr. Dreikurs sein mußte. Langsam ging ich auf ihn zu. Die Lichter, die das Podium erhellten, schienen entsetzlich grell! Er trug einen Schnurrbart, eine Brille mit Drahtgestell und hatte dunkle Augen. Sein Haar war fast grau. Um die Ohren herum war es etwas länger, und oben auf dem Kopf war er fast kahl. Er trug ein weißes Hemd und eine kleine rote Fliege, und ich fand, daß er sehr intelligent wirkte. Als er sah, wie ich auf ihn zuging, stand er rasch auf und streckte mir seine Hand entgegen. Wir hatten ungefähr dieselbe Größe. Ich schätzte ihn auf sechzig oder siebzig Jahre. Er nahm meine Hand und drückte sie fest. „Hallo, ich bin Dr. Dreikurs", sagte er.

Seine Stimme war kräftig und tief, und er hatte einen starken österreichischen Akzent. Seine Augen schienen direkt in mich einzudringen. Ich war jetzt mehr aufgeregt als ängstlich; ich war bereit für das Wagnis, und die instinktiven Gefühle, die ich ihm entgegenbrachte, waren auf Anhieb positiv. Sobald meine Augen sich an das helle Licht gewöhnt hatten, versuchte ich, einen Blick auf die Zuhörerschaft zu werfen. Alles war dunkel und still, aber ich konnte dennoch die Menschenmenge unter mir erkennen. Was würde nun wohl geschehen? „Setzen Sie sich hier neben mich", forderte er mich mit einer Geste auf. Ich nahm neben ihm Platz. Er begann sofort, mit mir zu sprechen, und ich vergaß jeden Gedanken an die Zuhörer. Plötzlich gab es nur noch diesen Dr. Dreikurs und mich auf der Welt. „Ich habe gehört, daß Sie auch zuvor schon bei unseren Demonstrationen anwesend waren. Stimmt das?" – „Ja, ich habe mir mit einer Freundin einige Veranstaltungen angesehen", antwortete ich schnell. „Gut. In der Regel beraten wir keine Mutter, die nicht schon mindestens zwei Demonstrationen erlebt hat. Auf diese Weise erkennt eine Frau sehr bald, daß andere Mütter genau dieselben Schwierigkeiten haben wie sie. Da Sie schon hier gewesen sind, wissen Sie, daß alle Mütter im gleichen Boot sitzen und dieselben Fehler machen. Wie fühlen Sie sich im Augenblick?" Nun, ich fühlte mich ziemlich töricht und unbeholfen, und sicherlich konnte das jeder sehen. Aber das war mir jetzt egal. Ich wußte, daß ich nichts zu verlieren hatte. Wenn ich nicht bald Hilfe bekäme, würde man mich wahrscheinlich bald in irgendeine psychiatrische Anstalt bringen. „Gut! Ich fühle mich ganz gut!" erwiderte ich nervös, aber auch schon etwas selbstsicherer. Wie ich auf die anderen wirkte, war nicht mehr wichtig. Meine Kinder und mein Leben standen buchstäblich auf dem Spiel. „In Ordnung. Dann wollen wir uns jetzt einmal Ihre Probleme anhören. Sie haben fünf Kinder, nicht wahr?" Er blickte einen Augenblick lang auf die fünf Finger seiner linken Hand, als müsse er es sich einprägen. „Ja, fünf Kinder", bestätigte ich, nervös kichernd. „Nennen Sie mir ihre Namen und ihr Alter."

„Maria ist fast zehn."

„Ist sie die Älteste?"

„Ja."

„Und wer kommt dann?"

„Joey. Er ist achteinhalb. John ist siebeneinhalb, Anthony sechseinhalb und Christopher dreieinhalb." Er beobachtete mich genau, während ich sprach. Als ich geendet hatte, sagte er: „Ich möchte das Gespräch, das ich nun mit Ihnen führen werde, dazu nutzen, um ganz bestimmte Erziehungsziele zu verdeutlichen. Würde es Ihnen etwas ausmachen, wenn ich unser Gespräch von Zeit zu Zeit unterbreche, um einige Punkte mit den Zuhörern zu diskutieren?" Er deutete mit seiner rechten Hand auf die im Dunkel sitzende Menge, an die ich gar nicht mehr gedacht hatte. „Nein, es macht mir nichts aus", antwortete ich leise. Er lächelte über meine Bereitschaft und hob wieder an. „Erzählen Sie uns nun von Ihren Problemen. Aus welchem Grund sind Sie heute abend hierhergekommen?" – „Nun – meine Freundin meint, daß ich Hilfe benötige, und es stimmt – ich brauche Hilfe!" antwortete ich lachend. Es war ein Lachen der Erleichterung. Jetzt war es heraus, und ich fühlte mich besser. „Wobei soll ich Ihnen helfen?" wollte Dr. Dreikurs wissen. Er beugte sich auf seinem Stuhl vor und blickte mir dabei geradewegs in die Augen. „Also – bei allem, glaube ich. Bei allem! Wirklich!" Ich zuckte ratlos mit den Schultern. „Was heißt bei allem? Was stört Sie bei Ihren Kindern am meisten?" fragte er prompt. „Soll ich nur einen einzigen Punkt nennen?" Ich spürte, wie ich die Augenbrauen hob. Ein Kichern drang aus der Dunkelheit zu mir aufs Podium. Ich zögerte. „Ja, was stört Sie am meisten?"

„Nun – sie zanken sich andauernd. Von frühen Morgen bis zum späten Abend zanken sie sich. Sie streiten über alles, worüber man sich überhaupt streiten kann, und wenn es nichts zu streiten gibt, dann erfinden sie einen Grund. Ehrlich gesagt habe ich das Gefühl, daß ich allmählich ganz verrückt davon werde." – „Und was tun Sie dagegen?"

„Ich spreche mit ihnen darüber und ermahne sie, damit aufzuhören. Ich sage zu ihnen, sie sollen sich lieb haben. Ich versuche ihnen klarzumachen, wie falsch es ist, sich so zu verhalten. Ich drohe ihnen. Ich bestrafe sie, und ich …" – „Sie reden!" sagte er laut. Dann wandte er sich an die Zuhörer. „Mütter reden einfach zu viel. Wenn Mütter nur halb so viel sprächen, wie sie es in Wirklichkeit tun, dann hätten sie mehr Erfolg." Er wandte sich wieder an mich. „Hört das Streiten denn damit auf?" – „Nein." Ich verdrehte die Augen. „Ich rede, bis mir der Mund fransig wird, bis ich vollkommen erschöpft bin. Aber damit hört die Streiterei nicht auf. Im Gegenteil, es wird immer schlimmer." – „Natürlich nicht. Natürlich hört das Streiten damit nicht auf." Dreikurs wandte sich wieder an die Zuhörer und sagte: „Ist es nicht erstaunlich, wie Kinder ihre Mutter erziehen können? Die Kinder streiten sich, und die Mutter fällt darauf herein. Hier haben wir eine ganz typische Situation: Normale Kinder, die nicht zur Ruhe zu bringen sind. Was daran so traurig ist, ist folgendes: Sie haben Kinder, die sich nicht anständig benehmen, die zur Ordnung gebracht werden müssen und die gleichzeitig völlig normal sind. Hier ist der Kernpunkt der Probleme. Warum tun Kinder, was sie tun? Warum gibt es so viele Familien in diesem Land, die schon beim Aufwachen streiten und abends streitend zu Bett gehen? Weil die meisten Eltern heutzutage nicht die geringste Ahnung haben, wie sie sich verhalten sollen, und sich nicht im mindesten darüber klar sind, inwiefern sie zum schlechten Benehmen ihrer Kinder beitragen. So gesehen sind es ‚normale Eltern' – das heißt, die Eltern stecken in dem ganz normalen Dilemma, daß ihre Kinder sich streiten. Dies ist die Situation, in der sich die allermeisten Eltern befinden." Er wartete auf meine Reaktion. Ich versuchte, all das zu verarbeiten, was er da eben gesagt hatte. „Aber ich weiß wirklich nicht, was ich mit diesen Kindern tun soll", sagte ich verzweifelt. „Sie können die Dinge ändern, wenn ich Ihnen helfe. Aber allein schaffen Sie das nicht, weil Sie nicht wissen, womit Sie es eigentlich zu tun haben. Sie wissen gar nicht, welche Rolle Sie selbst in der Situation spielen, nicht wahr? Es ist ein großes Glück, daß Sie jetzt kommen, wo Ihre Kinder noch klein sind, denn es wird zunehmend schwieriger, wenn sie älter sind. Je kleiner die Kinder sind, desto leichter ist es, sie zu beeinflussen, indem Sie Ihr eigenes Verhalten ändern", sagte er laut und deutete dabei theatralisch auf seine eigene Brust. „Sind Sie bereit, zu verstehen, was sich da eigentlich abspielt? Und zu lernen, was Sie tun können?" – „Ja." Ich lächelte ihn an. „Ja, ich möchte lernen, wie ich meine Kinder anders erziehen kann. Was ich da im Augenblick tue, ist furchtbar!" – „Was stört Sie noch?"

„Nun – sie helfen mir niemals bei der Hausarbeit", antwortete ich sofort. Mir fielen mühelos eine ganze Reihe von Beispielen ein. „Wer ist ordentlich, und wer ist es nicht?"

„Keines der Kinder ist besonders ordnungsliebend", begann ich. „John macht manchmal irgendwelche Dinge sauber, aber meistens mache ich alles. Sie ziehen sich selbst an, aber das ist eigentlich auch alles." – „Wissen Sie, warum Ihre Kinder nicht ordentlich sind?" Sein Gesicht war nur wenige Zentimeter von meinem entfernt. Ich hing buchstäblich an seinen Lippen. „Nein." Unsere Augen berührten sich nun beinahe. „Nein. Ich habe wirklich keine Ahnung." Er drehte sich von mir weg und sprach wieder zu den Zuhörern. „Und jetzt – wer von Ihnen – bitten heben Sie die Hand – wer von Ihnen weiß, warum diese Kinder nicht ordentlich sind?" Er schaute in den dunklen Saal. Es folgten einige Sekunden des Schweigens. „Weil die Mutter zu ordentlich ist?" rief eine Stimme. „Diese Mutter ist zu ‚gut'. Warum sollten die Kinder aufräumen, wenn die Mutter es schon für sie tut?" Er zuckte die Schultern, als wolle er sagen, daß dies das Natürlichste schlechthin sei. „Aber warten Sie!" Aufgeregt machte ich ihm ein Zeichen mit der Hand. Sicherlich konnte er gar nicht verstehen, von welch entsetzlicher Unordnung ich sprach. „Wenn ich nicht aufräumen würde, wären wir nicht einmal imstande, von einem Zimmer ins andere zu gehen. Ich meine – es ist ein Saustall! Ich übertreibe nicht. Sobald sie aus der Schule kommen, liegen überall ihre Sachen herum. Wir müßten über Mäntel, Mützen, einfach über alles laufen, wenn ich es nicht aufheben würde." Dreikurs sah mich direkt an und sagte: „Dieses Durcheinander in Ihrem Haus, das Sie schildern, muß nicht sein. Sie können Ihre Kinder erziehen. Wer erzieht hier wen – was meinen Sie?" Seine Augen bohrten sich in meine. „Sie meinen, die Kinder haben mich erzogen?" Der Tonfall meiner Stimme verriet Zweifel. „Aber wie kann ich das ändern?" fragte ich flehentlich. „Ah – dazu werden wir noch kommen. Aber Sie wußten es nicht besser, und deshalb macht Ihr Verhalten alles nur noch schlimmer. Nicht daß das Ihre Schuld wäre. Ich hoffe, Sie haben keine Schuldgefühle deswegen. Sie dürfen nicht vergessen, daß das, was Sie tun, auch Millionen anderer Eltern tun – mit denselben schlechten Ergebnissen. Die Eltern wissen es eben nicht anders. Verstehen Sie, was ich meine?" – „Ja, sie erziehen mich." Ich schüttelte den Kopf, als ich die Worte aussprach, noch ganz benommen von diesem Gedanken. Ich hätte gern eine Minute lang darüber nachgedacht, aber er verschwendete keine Zeit und fuhr rasch fort. „Was noch?"

„Nun, sie verpetzen sich ständig gegenseitig. Andauernd erzählt mir eines der Kinder, was das andere ihm angetan hat. Ich habe das so satt." – „Da glaube ich Ihnen gern. Und was tun Sie dagegen?" Mir fiel auf, daß er immer hervorhob, was ich tat, und nicht, was die Kinder taten. „Ich versuche herauszufinden, ob das, was sie mir erzählt haben, wahr ist, und dann sage ich ihnen ..." – „Wieder reden Sie! Habe ich recht?" Er wußte bereits, was ich sagen wollte. „Ja", antwortete ich.

„Hat dies das Petzen zum Aufhören gebracht?" fragte er und lächelte dabei. „Nein." Auch ich lächelte und lehnte mich etwas in meinem Stuhl zurück. „Wenn Ihre Kinder sich gegenseitig bei Ihnen verpetzen wollen, dann müssen Sie Ihnen ins Gesicht sehen und sagen ‚Danke, daß du mir das erzählt hast. Aber ich bin sicher, du kannst allein damit fertig werden.'" Ich wartete darauf, daß er weitersprechen würde.

„Das ist alles, was Sie zu ihnen sagen. Dann wenden Sie sich wieder Ihrer Beschäftigung zu und überlassen es den Kindern, ihre Schwierigkeiten selbst zu meistern. Sie werden nie lernen, irgend etwas zu regeln, solange Sie ihnen das weiterhin abnehmen." – „Das ist so anstrengend. Ich habe es so satt, immer wieder zu sagen ‚Du sollst deinen Bruder lieb haben. Du sollst ihm helfen, anstatt ihn zu verpetzen. Du solltest dich lieber um ihn kümmern.' Es endet immer damit, daß ich sie in ihre Zimmer schicke und sie bestrafe." Ich seufzte vor Erschöpfung. „Dann gewöhnen Sie sich das ab!" Seine Stimme war laut und energisch. Er neigte den Kopf. „Was noch?" Er wußte, daß wir eben erst begonnen hatten. „Ich habe Probleme, Maria zum Klavierüben zu bewegen." – „Was für Probleme? Hat sie eine Klavierlehrerin?"

„Ja, ich meine – ich bin ihre Klavierlehrerin", sagte ich stolz. Die Zuhörer stöhnten auf. Offenbar wußten sie etwas, daß mir nicht bekannt war. Was würde er dazu sagen? „Sie sind ihre Klavierlehrerin?!" Seine Augenbrauen hoben sich, und sein Körper beugte sich noch näher zu mir herüber. „Ja." Einen Augenblick lang bedeckte ich mein Gesicht verlegen mit den Händen. „Und wie läuft es?"

„Überhaupt nicht gut." Ich schaute ihm wieder in die Augen. „Sie sollte eigentlich jeden Morgen üben. Manchmal tut sie es und manchmal nicht. Dann lasse ich sie nach der Schule üben. Ich werde immer so wütend. Das Ganze ist ein einziger Kampf." Ich fühlte mich absolut unbeholfen, und dennoch wußte ich irgendwie, daß dieser Mann mich nicht verurteilte. Er wollte mir nur helfen und mir neue Ideen vorschlagen. „Sie können Ihre Tochter nicht selbst unterrichten. Sie braucht eine Lehrerin, die ihre Begeisterung an der Musik weckt. Ihnen obliegt es, die positiven Aspekte ihres Spiels zu registrieren und Kommentare abzugeben. Verstehen Sie, warum? Weil wir eine Unmenge unserer Zeit und Energie damit verbringen, auf die Fehler der Kinder hinzuweisen. Diese Konzentration darauf ist katastrophal. Wenn wir den Fehlern unserer Kinder ständig Aufmerksamkeit schenken, entmutigen wir sie. Der Umstand, daß Sie ihre Lehrerin sind und sozusagen auf ihre Fehler warten, kann nur entmutigend auf Ihre Tochter wirken. Sie wird die Musik hassen, wenn Sie mit diesem Verhalten fortfahren. Wahrscheinlich tut sie das bereits. Lenken Sie Ihr Augenmerk auf ihre Stärken. Das wird ihr die Gelegenheit geben, die Musik zu genießen. Verstehen Sie?" Er wischte sich mit einem Taschentuch über die Stirn und wartete auf meine Antwort. „Ja!" Mein Kopf bewegte sich langsam auf und ab. „Ja", sagte ich noch einmal, als mir seine Worte ein zweites Mal durch den Kopf gingen. Ich verstand recht gut, daß Maria die Musik eines Tages hassen würde, wenn wir so weitermachten. Genauso war es mir ja selbst ergangen, als ich Kind gewesen war. Obwohl ich sehr gut Klavier spielte, war meine musikalische Erziehung wesentlich mehr von Bitterkeit als von Genuß geprägt. Und genau das übertrug ich auf meine Tochter – dasselbe negative Muster. Ich atmete tief ein, schaute Dreikurs an und sagte: „In Ordnung. Ich verstehe jetzt, was ich tue. Wenn ich nicht umdenken lerne, werde ich viele der negativen Gefühle und Gedanken an Maria weitergeben, die meine Mutter an mich weitergab." Mit lächelndem Gesicht beobachtete er mich aufmerksam. „Absolut." Seine Stimme hallte laut durch den großen Raum. „Kann ich es anders machen? Ist das möglich?"

Er wartete, um zu sehen, ob ich geendet hatte. Ja, das hatte ich. Seine Worte begannen zu wirken. Meine Augen schauten tief in seine. Ich war wie in Trance und spürte eine immer größere Erleichterung. „Und nun wollen wir einmal zusammen den Verlauf eines ganz gewöhnlichen Tages durchsprechen. Wie geht der Morgen vor sich? Wer steht in Ihrem Haushalt zuerst auf? Haben Sie Probleme damit, eines der Kinder aus dem Bett zu bringen? Berichten Sie ganz detailliert, wie es sich abspielt." – „Ich muß sie morgens niemals zum Aufstehen bewegen, weil sie etwa um fünf Uhr aus ihren Betten steigen und sofort anfangen, sich zu streiten. Damit wecken sie mich auf. Es ist ein Wunder, wenn sie den Tag einmal ohne Streit beginnen. Dann stehe ich auf, schon ärgerlich und in schlechter Stimmung, und fange an, ihre Sachen zusammenzusuchen und das Frühstück zu machen." – „Haben die Kinder ihre eigenen Wecker?"

„Nein." Die Frage verblüffte mich. Sie klang abwegig, und doch wußte ich, daß dieser Mann ernsthaft war und keine Witze machte. Vielleicht war das gar keine so verrückte Idee, nur eine, an die ich noch nie gedacht hatte. „Hmmm." Die Idee gefiel mir.

„Kaufen Sie ihnen ihre eigenen Wecker. Zeigen Sie, wann sie zur Schule müssen und wann sie frühstücken sollen. Überlassen Sie den Rest ihnen. – Was geschieht dann?" – „Ich gehe hinunter und beginne mit dem Frühstück. Auch ihre Lunchpakete müssen gepackt werden, also tue ich es. Und wenn sie sich wieder streiten, greife ich schlichtend ein." Ich lachte nervös. „Helfen sie Ihnen bei irgendeiner dieser Pflichten?" – „Nein, so gut wie gar nicht", seufzte ich.

„Zeigen Sie ihnen, wie sie ihre Lunchpakete selbst packen können; dann gehen Sie aus der Küche und lassen Sie es allein machen. Teilen Sie die Verantwortung mit ihnen. Eltern und Lehrer können Verantwortung nicht lehren. Wir können sie nur gemeinsam mit den Kinder tragen. Sagen Sie einfach gar nichts. Verlassen Sie die Küche, nachdem Sie das Frühstück zubereitet haben. Geben Sie

Ihren Kindern eine Chance. Sie werden es nicht perfekt machen, aber das macht nichts. Und wie geht es dann weiter?" Ich konnte mir nicht vorstellen, was ich lieber täte, als so bald wie möglich aus der Küche zu gehen. Ich haßte unsere häßliche Küche, und ich haßte es, sie nach jedem Essen wieder putzen zu müssen. Aber konnte ich mich so einfach davonstehlen und den Kindern das Säubern und Aufräumen überlassen? Da hatte ich doch meine Zweifel. „Danach rennen alle wie verrückt herum und suchen nach ihren Schulsachen. Sie machen viel Wirbel, und keiner kann irgend etwas finden. Außerdem wetteifern die Jungen darum, die Sachen für ihre Schwester Maria zu holen." – „Maria ist also die Prinzessin in dieser Familie, und alle Jungen stehen ihr zu Diensten?" – „Nun, so habe ich es noch nie bedacht."

„Stimmt es?"

„Ja, jetzt, wo Sie es sagen, glaube ich, ja. Ich hatte es zuvor noch nie so aufgefaßt, aber es stimmt – alle bedienen Maria", sagte ich nachdenklich. „Was geschieht dann?"

„Nun, schließlich gehen sie zur Schule. Und wenn ich alles aufgeräumt habe, gehe ich mit Christopher ins Gemeindezentrum, wo ich einige Tage in der Woche als freiwillige Helferin arbeite." – „Und wann sehen Sie die anderen Kinder wieder?"

„Nach der Schule. Sie kommen mit einem Mordsspektakel herein und werfen ihr Zeug überall hin. Gewöhnlich gehe ich hinter ihnen her, hebe es auf und brülle ihnen zu, sie sollten es selbst tun. Danach essen sie eine Kleinigkeit, machen ihre Hausaufgaben, streiten sich und so weiter, bis es Zeit fürs Abendessen ist. Manchmal streiten sie sich auch während des Abendessens – darum, wer am meisten bekommt beispielsweise; sie hänseln sich und brüllen sich gegenseitig an. Meistens nehmen diese Streitereien gar keine Ende." – „Und das Zubettgehen. Wie läuft das ab?"

„Nun, fast jeden Abend, bevor sie zu Bett gehen, lese ich ihnen etwas vor. Wenn es Zeit für unsere Gutenachtgeschichte ist, wird nur sehr selten gestritten." Ich mußte unwillkürlich lächeln, als ich daran dachte, was für ein Wunder es war, daß ich es trotz allem noch fertigbrachte, ihnen vorzulesen. „Das Zubettgehen läuft am harmonischsten ab, glaube ich. Zu dieser Zeit bin ich vollkommen erschöpft, daher tut es mir gut, auf dem Boden zu sitzen, ihnen vorlesen zu können und keinen Muskel bewegen zu müssen." Ich lachte, und er lächelte zurück. Sein Gesicht kam wieder näher an meines heran. „Schlagen Sie die Kinder?"

Oh mein Gott – jetzt würde ich ihm gestehen müssen, daß ich sie prügelte! Ich fand es schrecklich, sie zu prügeln, aber ich wußte nicht, was ich statt dessen tun sollte. Aber ich war hier, um Hilfe zu bekommen. Ich mußte es ihm einfach sagen, obwohl es mir so vorkam, als wisse er meine Antworten immer schon im voraus. „Manchmal", erwiderte ich langsam, so als fürchtete ich, getadelt zu werden. Aber er lächelte freundlich, und irgendwie spürte ich, daß er mich verstand. „Glauben Sie, daß das Prügeln hilfreich ist?" Seine Stimme war leise und respektvoll. Er neigte den Kopf leicht seitwärts, und seine Augen waren fest auf mich gerichtet. Er wartete auf meine Antwort. „Wahrscheinlich hilft es nur mir." Ich mußte über mich selbst lachen. Die Zuhörer lachten ebenfalls, und er zwinkerte mir kurz zu. „Ja, daran zweifle ich nicht", sagte er rasch. „Sind die Kinder brav, nachdem Sie sie verprügelt haben?" fragte er. „Ja, aber nicht für lange."

„Aber, wissen Sie, warum sie nicht brav sind, bevor Sie sie verprügeln, und warum sie danach brav sind?" Ich wußte, daß er die Antwort auf diese Frage kannte, noch ehe er sie überhaupt gestellt hatte. Aber ich konnte sie nicht beantworten. Ich hatte nicht die geringste Ahnung, warum es sich so verhielt. „Ich weiß nicht", sagte ich leise.

Er wandte sich wieder an die Zuhörer. „Wer von Ihnen kennt die Geschichte von der Frau und dem Mädchen, das auf der Straße spielt?" Diese Frage war rein rhetorisch, und er fuhr fort. Was er sagte, unterstrich er mit Gesten. „Es war eine ruhige Straße", begann er. „Eine Frau ging die Straße hinunter und sah ein kleines Mädchen auf dem Bürgersteig spielen. Im dritten Stock wurde ein Fenster geöffnet, und die Mutter rief: „Mary, komm rauf! Das Mittagessen ist fertig." Das Mädchen spielte weiter. Nach einer Weile rief die Mutter wieder: „Mary, komm rauf! Das Mittagessen ist fertig." Und wieder reagierte die Kleine nicht. Die Frau, die das mitangehört hatte, fand das merkwürdig. „Ist dein Name Mary?" fragte sie. „Ja, Ma'am", antwortete das kleine Mädchen. „War das deine Mutter?" – „Ja, Ma'am." – „Aber warum bist du nicht hinaufgegangen?" – „Ach, Mutter hat noch gar nicht richtig gebrüllt", erwiderte die Kleine. Die Zuhörer lachten, und er wandte sich wieder mir zu. Auch ich lachte. „Ihre Kinder bringen Sie auf die Palme. Sie wissen, daß sie Sie da haben, wo sie wollen. Sie ignorieren Sie einfach, bis Sie losbrüllen oder sie verprügeln. Aber Sie können lernen, mit Ihren Kindern umzugehen, auch ohne offene Konflikte, Geschrei oder Schläge. Verstehen Sie? Ich habe Ihnen diese Geschichte erzählt, um Ihnen zu erklären, warum das Prügeln bei den Kindern offenbar nicht die gewünschte Wirkung hat. Verstehen Sie?" wiederholte er. „Ja." Ich verstand plötzlich viele Dinge, an die ich bis vor fünfundvierzig Minuten noch nie in meinem Leben gedacht hatte. Ich hoffte, ich würde kein einziges Wort davon wieder vergessen. „Und – in Amerika sind die Eltern ihren Kindern im allgemeinen nicht ,ebenbürtig'. Die Mutter wird zum Sklaven, und die Kinder dirigieren den Haushalt. Glauben Sie uns, daß wir etwas dagegen haben, daß Sie ihre Sklavin sind?" – „Ja, das glaube ich, und aus dem, was ich heute abend lerne, erkenne ich, daß vieles, was ich tue, nicht gut für die Kinder ist." Er lehnte sich einen Moment lang in seinem Stuhl zurück und schaute wieder auf die Zuhörer. Beim Sprechen benutzte er seine Hände, fast wie der Dirigent eines Orchesters. „Es ist nicht gut für die Kinder, wenn Sie sie verwöhnen und sie ihrer eigenen Aufgaben berauben. Was wir hier sehen, ist ein Teil der Tragödie, die so charakteristisch für unsere Zeit ist. Wie Millionen andere Mütter ist diese liebevolle, aufrichtige und gute Mutter dabei, mit ihren Versuchen, das Richtige zu tun, ihre Kinder zu zerstören. Der Wunsch der Mütter, es nur ja recht zu machen, wird bei unserer nächsten Generation viel Schaden anrichten. Und viele unserer sogenannten Experten sind mit dafür verantwortlich." Seine Stimme beschuldigte nicht, sie klang sachlich und verständnisvoll. „Sie sagen den Eltern, sie sollten ihren Kindern mehr Liebe geben. Gibt es irgendwo eine Mutter, die ihren Kindern mehr Liebe gibt als diese?" Er deutete auf mich. „Ich bin in der unglücklichen Lage, Sie ein wenig in Verlegenheit bringen zu müssen, indem ich Ihnen zeige, was Sie falsch machen. Aber ich kann Ihnen nicht die Schuld dafür geben. Ihre Sorge um das Wohl Ihrer Kinder führt Sie in die Irre. Dennoch muß ich Ihnen bewußt machen, was Sie eigentlich tun." – „Ich verstehe", antwortete ich. Und das stimmte.

„Und Ihr Ehemann, wo ist der?"

„Ich … lasse mich gerade … scheiden." Es fiel mir noch immer schwer, das Wort auszusprechen. „Und Sie fürchten sich vor ihm, nicht wahr?"

„Ja …" Woher wußte er das?

„Sehen Sie – Sie sind verängstigt. Sie haben Angst vor Ihren Kindern, Angst vor Ihrem Ehemann, und Sie haben Angst vor Ihrer Mutter. Habe ich recht?" – „Ja." Ich wußte, daß er in meinen Kopf hineinsehen konnte und empfand es als tröstlich. „Ganz gleich, wie alt Sie sind: Sie sind einfach ein kleines Mädchen, das sich vor allem fürchtet. Habe ich recht?" Ja. Ich hatte vor allem Angst. Ich hatte Angst, daß all die Schimpfnamen, mit denen meine Mutter mich bedachte, berechtigt sein könnten. Ich hatte Angst vor meinem Mann und vor dem, was er mir und meinen Kindern antun könnte. Ich hatte Angst davor, daß ich mich bei der Erziehung meiner Kinder dumm anstellte. Ich hatte Angst davor, von meinen Verwandten verurteilt zu werden. Es machte mir angst, daß ich kein Geld hatte und nicht wußte, wie ich welches verdienen sollte. Ich fürchtete mich davor, in die Innenstadt von Chicago zu gehen. Ich hatte Angst, daß mein Mutter entdecken könnte, daß ich rauchte. Ich hatte Angst, daß sie sich, wenn sie mich besuchen kam, vor meinen Freunden über mich lustig machte ... Die Liste meiner Ängste war endlos. „Ja." Ich sah auf den Boden, um seinem Blick auszuweichen. Er hatte eine unglaubliche Menschenkenntnis. Zielbewußt fuhr er fort. „Ich möchte jetzt ein paar Minuten lang mit Ihren Kindern sprechen. Deshalb bitte ich Sie, eine Weile hinauszugehen. Danach werde ich Ihnen zeigen, wie Sie in Zukunft mit einigen ganz bestimmten Situationen umgehen können, über die wir vorhin sprachen. Sie sind ja bereits mit unserer Vorgehensweise hier vertraut, da Sie zuvor schon einmal hier waren." – „In Ordnung."

Ich stand auf und zögerte einen Moment lang, da ich nicht wußte, auf welcher Seite ich abgehen sollte. Jemand, der hinter dem Vorgang stand, machte mir ein Zeichen. Ich stieg vom Podium herunter. Die Leiterin des Spielzimmers brachte die Kinder herein. Ich lächelte ihnen zu, als sie an mir vorbeiliefen. Was würden sie ihm wohl erzählen? Waren sie wütend auf mich, weil ich ihnen das antat? Was würde er sie fragen? Ich beschloß, mir keine Gedanken darum zu machen. Ich durfte eigentlich nicht hören, was sich da vorne abspielte. Das war Brauch bei diesen Demonstrationen: Die Eltern sollten den Kindern ebensowenig zuhören wie die Kinder ihren Eltern. Ich war noch nicht außer Hörweite und konnte die „Ohhh"s und „Ahhh"s der Zuhörer vernehmen. Und ihre Reaktionen erstaunten mich nicht. Meine Kinder waren süß, einfach wundervoll. Ich versuchte, durch ein Loch im Vorhang zu spähen. Dreikurs begann sofort zu sprechen, und seine Stimme unterbrach meine Gedanken. „Hallo ... hallo. Kommt ihr bitte herein? Wie heißt du?" Er forderte sie durch Zeichen auf, sich neben ihn auf die Stühle zu setzen. „Maria."

„Und?"

„Und das ist Joey ..." Maria fing an, ihre Brüder vorzustellen. „Und du bist ..."

„John."

„John, und du bist ..."

„Anthony."

„Und du bist?"

„Das ist Christopher." Maria antwortete für ihn.

„Wie geht es euch? Ich bin Dr. Dreikurs. Wißt ihr, warum all diese Leute hier sind?" – „Nicht wirklich." Von dem Platz hinter dem Vorhang aus, an dem ich stand, erkannte ich Anthonys Stimme. Er sprach laut, und den Zuhörern gefiel das. Ein paar lachten beifällig. Dreikurs fuhr fort. „All diese Leute sind Eltern und Lehrer, die gerne lernen wollen, wie sie mit Kindern gut umgehen können. Und ohne eure Hilfe kann ich ihnen das nicht erklären." Falls die Kinder darauf antworteten, konnte ich es zumindest nicht hören. „Habt ihr eine Ahnung, warum eure Mutter hierhergekommen ist?" – „Darum eben." Das war wieder Anthonys Stimme. Die Zuhörer lachten; wahrscheinlich unterhielt er sie bereits mit seinen Grimassen. Darauf verstand er sich bestens. „Weswegen?"

„Wegen uns", erwiderte Maria sofort.

„Für euch. Ihr seid ganz in Ordnung so, wie ihr seid. Aber warum für euch? Könnt ihr euch das vorstellen?" – „Weil wir streiten?" fragte Maria.

„Ganz recht. Wißt ihr, warum ihr ständig streitet?" Dreikurs machte eine Pause und wartete auf eine Antwort. Schweigen.

„Seid ihr einverstanden, wenn ich's euch sage?" Er verlor keine Zeit. Alle nickten. Anthony antwortete: „Ja, sagen Sie's uns." – „Könnte es deshalb sein, weil ihr damit erreichen wollt, daß eure Mutter ständig hinter euch her ist und sich mit euch beschäftigt?" Keines der Kinder sagte ein Wort, aber ich konnte sie jetzt durch das Loch hindurch sehen und erkennen, daß ihre Gesichter bestätigend lächelten. „Habt ihr Lust, mit mir zu sprechen? Ich würde euch gerne helfen. Was gibt es noch, was eure Mutter nicht mag?" – „Wahrscheinlich am meisten das Streiten, und vielleicht auch, daß wir unsere Sachen nicht aufräumen." Anthony fungierte noch immer als Sprecher der Gruppe. „Wißt ihr, was ich eurer Mutter sagen werde?" Sie schüttelten die Köpfe und warteten auf seine Antwort. „Ich werde eurer Mutter beibringen, euch ebenbürtig zu sein und angemessen auf euer Verhalten zu reagieren. Immer wenn ihr streitet, wird sie künftig mit einem Radio ins Badezimmer gehen, damit sie euch nicht hören kann; und sie wird erst herauskommen, wenn euer Streit vorbei ist." Er hielt einen Augenblick inne. „Was haltet ihr davon?" – „Hört sich nicht gerade wie eine gute Idee an", murmelte Joey. „So – und warum nicht?" Dreikurs schaute ihn ernst an. „Weil es ihre Aufgabe ist, unseren Streit zu schlichten. Sie muß das tun", warf Maria ein. Faith nahm meinen Arm und bedeutete mir, ihr zu folgen. Ich ging hinter dem Vorhang hinter ihr her in den Flur. Faith betrat das nächstgelegene Zimmer, wartete, bis ich hereingekommen war, und schloß dann die Tür. „Er wird nicht sehr lange mit ihnen sprechen, Mary. Ich werde dich in Kürze wieder holen." Dann ging sie hinaus. Ich setzte mich hin, mir schwirrte der Kopf. Wie lange würden die Kinder mit ihm da drin bleiben? Würde Anthony sich auch weiterhin wie ein Clown aufführen? Wahrscheinlich führten sich mittlerweile alle meine Kinder wie Komiker auf. Und wenn schon, dachte ich. Ich bin hier, um Hilfe zu bekommen und will mich nicht darum kümmern, was die Leute denken mögen. Die Tür öffnete sich. Faith war schon wieder zurück. Es waren kaum fünf Minuten vergangen. „Dr. Dreikurs möchte wieder mit dir sprechen." Behutsam führte Faith mich zurück aufs Podium. Die murmelnde Zuhörerschaft verstummte sofort. Dr. Dreikurs nahm meine Hand, und beide setzten wir uns. „Sie haben eine wundervolle Schar von Kindern", sagte er und seine Augen beruhigten mich. „Ich habe mich gut mit ihnen unterhalten. Im Augenblick sind sie alle gegen Sie, aber Sie können sie wieder auf Ihre Seite ziehen. Doch zuallererst müssen Sie lernen, Ihr Badezimmer in der richtigen Weise zu benutzen." Die Zuhörer brachen in Lachen aus.

„Mein Badezimmer in der richtigen Weise zu benutzen?" fragte ich, ebenfalls lachend. „Genau!" Er fuhr fort: „Sie brauchen ein kleines Radiogerät. Wie nennt man so etwas hier in Amerika ...?" Er wandte sich an die Zuhörer um

Hilfe, und jemand rief laut ‚Transistor'?" – „Ja, ein Transistorradio. Sie brauchen ein Transistorradio, einige Fläschchen Schaumbad und ein paar Zeitschriften. Sie müssen Ihren Kindern sagen, daß Sie die Streitereien zwischen ihnen nicht länger schlichten werden. Von jetzt an gilt: Wenn sie streiten, so ist das ihre Sache, und Sie gehen derweil ins Badezimmer. Sobald Sie drin sind, schließen Sie die Tür ab, stellen das Radio so laut, daß Sie die Kinder nicht hören können, und bleiben so lange drinnen, bis der Streit vorbei ist. Keine Worte, keine Strafpredigten – Sie gehen einfach ins Badezimmer und halten sich dort auf, bis die Luft wieder rein ist." Hatte ich ihn richtig verstanden?

„Aber was ist, wenn sie sich in dieser Zeit gegenseitig etwas antun?" fragte ich. „Das werden sie nicht. Es ist für Eltern schwer zu verstehen, daß ihre Kinder streiten, um ihre Aufmerksamkeit zu erringen. Sobald Sie das Schlachtfeld verlassen, werden sie sich beruhigen. Gegenwärtig machen Sie durch Ihre zwecklosen Ermahnungen und Strafpredigten alles nur noch schlimmer. Nun, was meinen Sie? Werden Sie tun, was ich Ihnen vorgeschlagen habe?" – „Ja, das werde ich." All das hörte sich verrückt an, aber es erschien mir gleichzeitig auch logisch und sinnvoll. Doch das war noch nicht alles, was er mir zu sagen hatte. „Die Streitereien werden zuerst noch zunehmen. Es wird noch schlimmer werden, bevor es besser wird. Verstehen Sie, warum?" Er schaute mich fest an. „Die Kinder werden Ihnen zuerst nicht glauben und Sie auf die Probe stellen." – „Oh!"

„Wenn Sie etwas Wertvolles im Haus haben, das möglichst nicht zerbrechen sollte, dann sollten Sie es in Sicherheit bringen. Aber abgesehen davon müssen Sie beim ersten Anzeichen für einen Zank ins Badezimmer gehen. Wenn die Streitereien wirklich schlimm werden und nicht aufhören wollen, dann lassen Sie sich ein Schaumbad ein und entspannen Sie sich in der Badewanne. Was denken Sie darüber?" – „Es hört sich an, als sei es eine hervorragende Idee", sagte ich. Mein ganzes Inneres befand sich in Aufruhr. Wenn all das, was er mir aufzeigte, tatsächlich die richtige Weise war, Kinder zu erziehen, dann hatte ich bisher praktisch alles falsch gemacht. „Gut! Jetzt zu den Kleidern und den anderen Dingen, die Sie jeden Tag hinter Ihren Kinder herräumen. Sie müssen sich mit Ihren Kindern zusammensetzen und ihnen sagen, was Sie diesbezüglich tun werden. Sie werden jede Woche eine Versammlung abhalten müssen. Jeder Haushalt in Amerika sollte jede Woche eine Familienversammlung, eine Art Familienrat, abhalten, wo besprochen wird, was sich in der Familie gerade abspielt und wie man die Probleme lösen könnte. Wenn wir den Müttern beibringen können, demokratische Leiterinnen ihres Haushalts zu werden, dann werden wir künftig auch demokratische Leiter in unseren Klassenzimmern und in unseren Gemeinden haben." Ich hörte aufmerksam zu. Das war alles so neu und ganz anders als alles, was ich bisher in meinem Leben gehört hatte. Badezimmer, Schaumbäder und Demokratie an einem einzigen Abend! Bei jeder neuen Idee, die er vorbrachte, hatte ich das Gefühl, er nähme einen Felsbrocken von meinen Schultern. „Sie werden Ihren Kindern also sagen, daß Sie von nun an, nachdem alle zu Bett gegangen sind, im Haus herumgehen und alle Dinge aufheben, die auf dem Fußboden liegen. Sie heben sie auf und legen sie in einen abgeschlossenen Raum. Wie nennt man so etwas hier in Amerika?" Wieder schaute er die Zuhörer hilfesuchend an. „Eine Abstellkammer?" rief eine Stimme fragend.

„Abstellkammer, ja! Sie werden sie in eine verschlossene Abstellkammer legen, und Ihre Kinder werden sie erst am Ende der Woche wiederbekommen – und keinen Tag vorher." – „Ich soll alles, was herumliegt, aufheben?" Ich glaubte, nicht richtig gehört zu haben. „Alles." Er nahm kein Blatt vor den Mund.

„Aber sie werden dann nichts mehr zum Anziehen haben", wandte ich ein. „Wie sollen sie in die Schule gehen? Wir leben hier in Chicago, und es ist Mitte November! Soll ich ihnen wirklich mitten im Winter ihre warmen Mäntel wegnehmen?" – „Im Winter kommen Sie schneller ans Ziel als im Sommer!" Seine Stimme klang sehr überzeugend. Noch nie im Leben hatte ich einen Menschen getroffen, der so viel Selbstvertrauen besaß. Brüllendes Gelächter tönte aus der Zuhörerschaft herauf. Ich wußte, daß er wußte, wovon er sprach. Ich wußte, daß er es ernst meinte und daß ich ihn richtig verstanden hatte. Aber ich konnte mir nicht vorstellen, daß ich ausführen würde, was er mir nahegelegt hatte. Dennoch wollte ich noch mehr von ihm hören. „Und ihre Schulbücher?" Ich konnte seine Antwort gar nicht erwarten. „Die auch. Wenn sie Schulbücher herumliegen lassen, dann werden Sie die behandeln wie jeden anderen Gegenstand. Sie werden alles aufheben, was nicht ordentlich aufgeräumt wurde und es in die verschlossene Kammer tun, und die Kinder werden ihre Sachen nicht vor Ende der Woche zurückbekommen." – „Soll ich ihnen ankündigen, daß ich von nun an so verfahren werde?" – „Ja, natürlich kündigen Sie es ihnen an – und zwar in einem sehr freundlichem Ton! Sie dürfen nicht vergessen, daß jede Erziehungsmaßnahme in einer freundlichen Haltung getroffen werden muß! Wut darf es nicht geben, denn dann ist es eine Bestrafung! Sie müssen Ihre Kinder erziehen! Ihre Kinder haben Sie dazu erzogen, alles für sie zu tun, und sie konnten dadurch nicht lernen, Verantwortung für sich selbst und füreinander aufzubringen! Die nehmen Sie ihnen im Augenblick nämlich ab. Ihre Kinder wissen gar nicht, wie man sich umeinander kümmert, weil Sie als gute Mutter meinen, Sie müßten ihnen alles recht machen und ihre Streitereien schlichten. ‚Gute' Mütter meinen, sie sollten möglichst alles für ihre Kinder tun, aber sie nehmen ihnen damit jegliche Verantwortung ab! Der Wunsch, eine ‚gute' Mutter zu sein, macht in Wirklichkeit sehr schlechte Mütter aus ihnen. Diese sogenannten ‚guten' Mütter sind Amerikas Tragödie. Verstehen Sie, was ich da sage?" Alle saßen reglos da. Dieser Mann wußte, was er lehrte. Und mir war klar, daß die Dinge für mich und meine Kinder von nun an nie mehr so sein würden wie zuvor. Mein ganzes Denken hatte sich verändert. Alles, was man mir je über die Erziehung von Kindern beigebracht hatte, war in Frage gestellt worden. „Ja", antwortete ich mit Überzeugung. „Ich verstehe, was Sie sagen." Ich wußte, daß meine Suche nach einer anderen Methode, meine Kinder zu erziehen, zu Ende war. Dreikurs' Ideen basierten auf gesundem Menschenverstand. „Ich sage all das nicht nur zu Ihnen, sondern zu jeder Mutter hier im Saal. Und wenn ich von Müttern spreche, dann meine ich im Grunde Eltern beiderlei Geschlechts. Eltern, die es gut machen wollen und alles für ihre Kinder tun, signalisieren ihren Kleinen, daß sie für nichts Verantwortung übernehmen müssen. Sie brauchen es ja nicht! Möchten Sie eine kleine Schar Kinder aufziehen, die nur wissen, wie sie andere Leute benutzen können?" Er wußte meine Antwort schon im voraus und lächelte, in der Erwartung, sie zu hören. „Nein", antwortete ich fest und schüttelte den Kopf. „Das glaube ich auch nicht. Und daher müssen Sie tun, was ich Ihnen sage, damit sie die Kinder auf Ihre Seite ziehen und ihnen Verantwortung beibringen. Sie müssen sich mein Buch ‚Kinder fordern uns heraus' besorgen und eine Arbeitsgruppe heraussuchen, die sich Ihrer Gegend befindet. Wenn es dort keine gibt, dann gründen Sie selbst eine!" – „Ich?" Das mußte ein Versehen sein. Er konnte unmöglich mich meinen. Vielleicht hatte er sich versprochen. „Ja, natürlich Sie! Trommeln Sie die Mütter in Ihrer Nachbarschaft zusammen. Sagen Sie ihnen, daß Sie miteinander arbeiten und sich gegenseitig unterstützen müssen. Sie haben das Zeug dazu!" Ich starrte ihn ungläubig an.

„Ein paar Sätze zum Zubettgehen: Sie verbringen jeden Abend eine sehr schöne Zeit mit dem Vorlesen. Auch die Kinder genießen das sehr und haben es mir erzählt. Fahren Sie mit diesem Ritual fort, aber sagen Sie ihnen nicht mehr, was sie tun sollen, bevor Sie mit dem Lesen anfangen. Mit anderen Worten, hören Sie auf, so viel zu reden. Sagen Sie ihnen ein einziges Mal bei ihrem Familienrat, was sie zu tun haben, um fürs Schlafengehen fertig zu sein, und daß die Gutenachtgeschichte erst beginnen wird, nachdem sie sich die Zähne geputzt, ihre Dusche genommen haben und so weiter. Aber das Zubettgehen ist ja eigentlich kein Problem bei ihnen. Was die Küche anbelangt, so liegen die Dinge klar auf der Hand: In einer unaufgeräumten Küche können Sie nicht kochen. Und auch wenn die Küche nicht sauber ist, können Sie nicht kochen. Machen Sie keine Bemerkungen, wie ‚ihr habt den Abfall nicht rausgebracht' oder ‚ihr habt die Teller nicht abgespült' oder ‚ihr habt dies oder jedes nicht getan'. Kein Wort über all das, keine Standpauken, keine Strafpredigten. Mit anderen Worten, hören Sie auf zu reden! Gehen Sie doch an den Abenden, an denen Sie nicht kochen können, auswärts essen – entweder allein oder mit einer Freundin. Was halten Sie davon?" Er lächelte, da er sehr wohl wußte – und es auch genoß –, daß er mich gewonnen hatte. „Das hört sich wie eine wunderbare Idee an …"

„Ja – eine wundervolle Idee, aber werden Sie sie auch umsetzen?" Er wollte mehr als nur Lippenbekenntnisse von mir. Er wollte mein Engagement – und er wollte es jetzt. Mir fiel auf, daß sich Schweißtropfen unter seinen Brillengläsern und auf seiner Stirn gebildet hatten. Er nahm sein Taschentuch auf seiner Tasche und wischte sich damit über das Gesicht. „Ja. Ja, ich werde es tun." Ich kicherte zwar, aber ich meinte wirklich, was ich sagte. Ich fühlte mich im reinen mit mir selbst. „Gut! Was ich Ihnen sage, ist nicht leicht in die Tat umzusetzen." Er machte eine Pause. „Es wird anfangs schwer für Sie sein, aber Sie schaffen es schon." – „Ich werde es tun!" sagte ich noch einmal, diesmal mehr zu mir selbst als zu ihm. „Nun zu morgens: Wie bereits gesagt, können die Kinder das Mittagessen, das sie mitnehmen, selbst zubereiten. Sie brauchen nicht länger das Dienstmädchen für sie zu spielen, das macht sie nur hilflos und handlungsunfähig. Eine Mutter, die ihre Kinder ständig ermahnt und ihnen unnötigerweise alles abnimmt, enthebt sie nicht nur jeglicher Verantwortung, sondern sie wird in ihrem Gefühl ihrer Bedeutung als Mutter auch abhängig von ihnen." Seine Augen bohrten sich in meine. „Verstehen Sie, was ich sage?" – „Ja." Ich wollte ihn bitten, das zu wiederholen, aber er sprach schon weiter. „Und reden Sie nicht mehr so viel. Sie reden zuviel. Alle Mütter tun das. Unsere Kinder werden taub gegenüber ihren Müttern und hören gar nicht mehr hin, weil sie von all den Worten buchstäblich erschlagen worden sind. Sie hören ihren Eltern und Lehrern nicht zu, weil diese sie ständig mit ihrem Redefluß, ihren Ermahnungen, Strafpredigten und Standpauken überrollen. Doch Worte sind meistens wirkungslos." Ich hoffte inständig, ich würde mich später an alle seine Ausführungen erinnern können. „Was ich Ihnen auftrage, ist sehr schwer, aber Sie schaffen es! Und vergessen Sie nicht – es wird viel schlimmer werden, bevor es besser wird. Wissen Sie, warum?" – „Nein."

„Ihre Kinder werden Sie als Dienstmädchen verlieren und werden das nicht so ohne weiteres hinnehmen. Sie werden all ihre Waffen, über die sie verfügen, einsetzen, um Sie wieder einzuspannen. Daher dürfen Sie nicht vergessen, daß ich gesagt habe: Es wird zuerst schlimmer werden, ehe es besser wird. Wenn es schlimmer wird, so ist es ein Signal, das Ihnen ankündigt, daß Ihr Tun Wirkung zeigt. Wenn es nicht schlimmer wird, dann heißt das, Sie tun nicht, was ich Sie heute abend gelehrt habe. Man kann das mit dem Läuten der Feuerglocke vergleichen. Wenn die Feuerglocke läutet und kein Feuerwehrmann kommt – was müssen sie da tun? Lauter läuten natürlich, damit die Feuerwehr kommt, um das Feuer zu löschen. Dasselbe trifft auf Kinder zu. Sie sind eine starke Gruppe. Sie arbeiten alle gegen Sie, aber Sie können sie auf Ihre Seite ziehen. Sie müssen jetzt anfangen, Ihre Kinder zu erziehen. Verstehen Sie?" – „Ja." Ich konnte spüren, wie mir innerlich Mut erwuchs, und ich wollte nicht, daß dieses Gefühl je wieder verschwand. „Haben Sie Fragen?"

„Im Augenblick nicht. Sie haben so viel gesagt – ich hoffe, ich kann wenigstens die Hälfte davon behalten", antwortete ich. Das Gewicht auf meinen Schultern war um vieles leichter als vor einer Stunde, wo ich mich zum ersten Mal auf meinen Stuhl gesetzt hatte. „Haben Sie heute abend etwas gelernt?" fragte er und rückte sein Gesicht wieder ganz nahe an meines. „Ja. Ich habe mehr gelernt, als ich für möglich gehalten hätte. Ich habe das Gefühl, als seien mir ganze Felsbrocken von der Seele genommen worden. In meinem ganzen Leben habe ich mich noch nie so erleichtert gefühlt. Ich danke Ihnen, Dr. Dreikurs!" Wir standen beide da, und wieder nahm er meine Hand in seine. „Keine Ursache. Ich danke Ihnen, daß Sie gekommen sind und mir bei dieser Demonstration geholfen haben. Ich hätte all diesen Eltern hier heute abend nichts beibringen können, wenn Sie nicht gekommen wären. Sie haben viel Mut an den Tag gelegt. Sie können jetzt Ihre Kinder abholen und nach Hause gehen, ich werde hier noch die Fragen der Zuhörer beantworten. Gute Nacht." – „Gute Nacht."

Wir schauten uns an, und er wußte, daß er tief in mir ein Feuer entfacht hatte. Er setzte sich wieder auf seinen Stuhl. Die Zuhörer klatschten stürmisch Beifall. Ich stieg ruhig und wie schwebend von dem Podium herunter. Ich holte meine Kinder aus dem Spielzimmer ab und ging durch den Zuhörersaal zum hinteren Ausgang. Mehrere Leute dankten mir, aber ich war ganz benommen. Was ich eben gelernt hatte, war ungeheuer. Fast unglaublich – und doch wieder sehr glaubhaft! Dieser Mann hatte eine enorme Kenntnis, was Familien, ja was Menschen ganz allgemein betraf. „Momentan sind Ihre Kinder gegen Sie, aber Sie können Sie auf Ihre Seite ziehen", echote es wieder und wieder in meinem Kopf, als ich durch die Menschenmenge schritt. Ich war für ihre Orientierung verantwortlich, an mir lag es, wie sie sich entwickeln würden. Es war nicht alles „angeboren"; ich hatte diese „In-den-Genen"-Theorie angezweifelt, seit ich ein kleines Mädchen gewesen war. Meine Mutter führte sie oft an, wenn sie über Timmy oder Carolyn sprach. „Sie dürfen sich keine Gedanken darum machen, was andere über Sie denken, wenn Sie Ihre Kinder richtig erziehen wollen", hörte ich Dreikurs eben zu irgendeinem Zuhörer sagen. Ich wußte, ich würde die höchsten Berge erklimmen können, wenn ich es nur wollte. Niemand konnte mir diese Hoffnung nehmen. Hoffnung, das war das Geheimnis. Hoffnung, Mut und gesunder Menschenverstand! Eltern hatten von mir gelernt, hatte er gesagt. Er hatte mir sogar gedankt. Wie aufregend das alles war. Ich konnte in ihren Augen sehen und an ihrem Händedruck spüren, daß sie von mir gelernt hatten. Ich war in Hochstimmung. Alles, was ich zu tun hatte, war, diese Ideen in Taten umzusetzen. An diesem Abend war ich vollkommen frei von Zweifeln. Wir gingen zu unserem Auto und fuhren nach Hause. Was mochten die Kinder von Dreikurs halten? Ob sie ihn wohl gemocht hatten? Ich fragte sie und bekam ein „nein", drei „ich glaube, er war ganz in Ordnung" und ein „ja" als Antwort. Ich selbst hatte den ganzen Abend wundervoll gefunden: die Sitzung, Dr. Dreikurs und Roslyn, die zu mir gehalten und mich einfach nicht aufgegeben hatte. Mut wuchs in mir, so stark wie kein anderes Gefühl, das ich je gehabt hatte. Ganz plötzlich hielten wir vor unserem Haus an. An die Fahrt konnte ich mich kaum erinnern. Die Zeit hatte an diesem Abend eine gänzlich andere Bedeutung. Ich sagte den Kindern, obwohl es schon spät sei, wolle ich mich noch ein paar Minuten mit ihnen unterhalten, denn ich hätte ihnen ein paar wichtige Dinge mitzuteilen, ehe sie zu Bett gingen. Ich würde ihnen heute keine Gutenachtgeschichte vorlesen, aber das würden wir am nächsten Abend nachholen. Etwas widerwillig versammelten sich die Kinder um den Küchentisch herum. Joey und John gaben sich gegenseitig ein paar Knüffe, und Anthony ließ einen seiner markerschütternden Schreie ertönen. Ich zog einen Stuhl an den Tisch und saß gelassen, das Kinn in die Hände gestützt, da, und wartete darauf, daß sie aufhörten. Ich hatte das Gefühl, ich könne ewig so sitzen bleiben. Maria ergriff die Initiative und mahnte ihre Brüder zur Ruhe. Eine Minute später waren sie still, und ich begann. „Was ich euch heute abend sagen will, betrifft euer Streiten", sagte ich und schaute sie dabei fest an. „Ich habe beschlossen, daß ich es nicht länger schlichten werde, wie auch Dr. Dreikurs es euch schon bei der Demonstration gesagt hat. Wenn ihr streiten wollt, dann ist das von nun an eure Sache. Ich werde nicht mehr versuchen, euch daran zu hindern." Ich machte eine Pause und schaute langsam ein Kind nach dem anderen an. „In Zukunft werden wir es so halten: Wenn ihr anfangt zu streiten, gehe ich ins Badezimmer und nehme ein kleines Radiogerät mit, das ich morgen kaufen werde. Und ich werde erst wieder herauskommen, wenn eure Streiterei zu Ende ist." – „Was meinst du, wenn du sagst, du wirst unsere Streitereien nicht mehr schlichten?" fragte Maria, noch bevor ich den letzten Satz beenden konnte. Ihre Stimme war ganz hoch und aufgeregt, und sie war den Tränen nahe. „Es ist deine Aufgabe! Das mußt du einfach tun! Du bist unsere Mutter und ..." – „Was ich meine, Maria", sagte ich und schaute ihr direkt in ihre großen braunen Augen „ist folgendes: Ich werde es nicht mehr tun. Ich werde mich in eure Streitereien nicht mehr einmischen. Wie ich schon gesagt habe, werde ich von nun an ins Badezimmer gehen, wenn ihr euch zankt und erst wieder herauskommen, wenn ihr aufgehört habt." Ich war die Ruhe selbst, während ich das vorbrachte. „Das kannst du nicht tun! Du mußt unsere Streitereien schlichten!" Marias Stimme war die Erschütterung deutlich anzumerken. „Nein, das muß ich nicht, und ich habe beschlossen, es nicht mehr zu tun", sagte ich. „Ab jetzt habt ihr die Verantwortung dafür und nicht mehr ich." Ich saß auf meinem Stuhl wie eine Königin. Jede Faser meines Körpers war von Selbstvertrauen durchdrungen. Nichts und niemand konnte mir etwas anhaben. Maria setzte sich kerzengerade hin. Sie war ein bildschönes Kind, fand ich. Sie hatte zierliche, kleine Hände, die sie beim Sprechen anmutig bewegte. Sie hatte unzweifelhaft meine etwas zu große Nase geerbt, aber irgendwie sah sie bei ihr kleiner aus. „Du mußt unsere Streitereien schlichten! Es ist deine Pflicht!" Sie nahm eine Serviette und wischte sich damit die Tränen ab. „Du mußt uns daran hindern! Wir werden sonst keine Freunde mehr haben! Alle unsere Freunde werden uns hassen! Wir werden gar nicht mehr wie eine richtige Familie sein!" Maria klang mit ihren elf Jahren wie eine geübte Rednerin. „Wir alle werden wie Blätter an den Bäumen sein, die auf die Erde fallen." Sie hob die Arme und deutete mit ihren Fingern eine rieselnde Bewegung von Blättern an, die herunterfielen. „Wir werden nicht mehr richtig zusammen sein." Sie schaute auf ihre Brüder, als sie das sagte, und betonte jedes Wort genau so, wie ich es getan hätte. Ihr Gesicht war rot, und wieder hielt sie inne, um sich die Tränen abzuwischen. Ihre Sprechweise war abgehackt vor Qual, und ihre Hände fuhren flatternd durch die Luft – sie sprachen fast so schnell wie ihr Mund. Ich hörte geduldig zu. Warum, so fragte ich mich, führte sich Maria so übertrieben auf? „Das kannst du nicht tun, Mami, du kannst es nicht und du weißt das. Es wäre einfach nicht richtig!" Beim letzten Wort seufzte sie tief auf. Es war nicht nur ein Befehl, sondern eine moralische Verpflichtung. Maria wußte, was „richtig" war, und sie wollte sich vergewissern, daß auch ich es wußte. Fast hätte ich losgelacht, unterließ es aber. Ich wünschte, ich hätte eine Filmkamera gehabt. Der Academy Award hätte in dieser Nacht in unserer Küche vergeben werden können. Nirgendwo konnte ein besseres Drama stattfinden! Die Ideen, die ich heute abend gehört hatten, erschienen mir um so vernünftiger. Die Kinder spürten meinen Mut und meine Entschlossenheit. Ich beugte mich vor und stützte die Ellbogen auf den Tisch. „Ihr könnt einwenden, was ihr wollt." Die Worte kamen sehr langsam über meine Lippen, während sie mich wütend anschauten. „Ich werde eure Streitereien nicht mehr schlichten. So einfach ist das. Wie ihr nun verfahrt, ist eure Sache. Ihr könnt heulen, solange ihr wollt. Wenn ihr streiten wollt, dann streitet eben. Es bleibt euch überlassen, ob ihr euch vertragen wollt oder nicht. Mich geht das nichts mehr an." Ich lehnte mich zurück und schlug die Beine übereinander. Ich sprach schon wieder zu viel und mußte meine Zunge besser im Zaum halten. Dreikurs' Anweisungen fielen mir wieder ein: „Keine Standpauken. Keine Strafpredigten. Hören Sie mit dem Gerede auf." – „Also – damit ihr es wißt", meine Stimme war nun sehr sanft, „von nun an werde ich ins Badezimmer gehen, wenn ihr euch streitet. Und ich werde erst herauskommen, wenn der Streit vorüber ist." Ich hoffte, daß ich es zum letzten Mal gesagt hatte. Schweigende, empörte Gesichter blickten mich an. „Ach – da ist noch etwas, was ich vergessen habe ..." Ich hob meinen Zeigefinger und rückte wieder an die Stuhlkante. „Von jetzt an werde ich mir nicht mehr die Mühe machen, eure Mäntel aufzuhängen oder eure Stiefel, Schals, Mützen, Handschuhe, Bücher, Spielsachen und all die anderen Dinge aufzuräumen. Ich werde euch auch nicht mehr darum bitten, es zu tun." Die Mienen meiner Kinder verrieten Zweifel.

Meine Stimme blieb freundlich. „Von nun an werden wir es so halten: Nachdem ihr alle zu Bett gegangen seid, werde ich durchs Haus gehen und alles aufheben, was herumliegt. Dann werde ich diese Dinge wegschließen." Ich machte eine Pause. „Ich werde sie in ein abgeschlossenes Zimmer tun, wo sie eine Woche lang bleiben werden. Am Ende der Woche könnt ihr die Dinge wieder haben, wenn ihr wollt. So werde ich künftig mit all euren Sachen verfahren, die außerhalb eurer Zimmer herumliegen. Ich werde dann nicht mehr hinter euch herschimpfen müssen, und wir werden mehr Zeit für schönere Dinge haben." Ich lächelte sie zuversichtlich an. „Okay, ist gut, Mami." Joey sprach für alle; sie saßen auf ihren Stuhlkanten und warteten darauf, so schnell wie möglich von hier verschwinden und in ihre Zimmer gehen zu können. Sie schauten empört aus und wußten nicht recht, wie ernst sie das, was ich sagte, zu nehmen hatten. „Sie wird langsam seltsam, wirklich seltsam", würden sie wahrscheinlich später in ihren Zimmern zueinander sagen. „So, das ist alles, was ich zu sagen habe. Ach ja, eines noch: Ich glaube, es ist nötig, daß wir uns einmal pro Woche zusammensetzen wie jetzt. Was meint ihr?" Ich stellte die Frage sehr sachlich, und sie klang mehr wie eine Feststellung. „Sicher, einverstanden, wenn du willst", stimmten alle brav zu und nickten, obwohl sie sich nicht im geringsten für das interessierten, was ich im Augenblick zu sagen hatte. Ich schaute in ihre betroffenen Gesichter und konnte spüren, was in ihnen vorging. Ich liebte mein neues Ich-bin-für-mich-verantwortlich-Gefühl, das ich hatte. Ich stand vom Tisch auf und ging mit Empfindungen durch das Haus, die mir bis dahin unbekannt gewesen waren. Ich würde nicht länger ihr Dienstmädchen sein, und offenbar waren sie keineswegs begeistert von den neuen Ideen, die mir dieser Dreikurs eingeredet hatte! „Kommt jetzt. Ich pack' euch ins Bett", sagte ich fröhlich zu ihnen. Wortlos folgten sie mir nach oben.

Sechstes Kapitel

Operation „Verantwortung übernehmen"

Es war sehr früh am Morgen. Der Himmel begann eben erst, hell zu werden. Aber es war durchaus nicht zu früh für den ersten Streit des Tages. Schon beim Aufwachen fragte ich mich besorgt, ob sie wohl rechtzeitig zur Schule kämen, aber ein Blick auf meine Uhr sagte mir, daß es noch drei Stunden bis dahin waren. Ich war noch immer aufgeregt von dem, was ich am vergangenen Abend erfahren hatte und lachte insgeheim, als ich Dreikurs' Stimme in meinem Kopf wiederholen hörte: „Sie müssen lernen, Ihr Badezimmer auf die richtige Weise zu benutzen." Ich brauchte ein paar wichtige Utensilien – vor allem ein Radiogerät. Ein Schaumbad, Zeitschriften und auch sein Buch waren ebenfalls wichtig, aber das Radio war absolut unerläßlich. Roslyn sagte mir, wir könnten das Buch in der nächsten Woche kaufen, wenn wir zusammen zum Beratungszentrum führen, aber ehe ich das Radio gekauft hatte, konnte ich nicht viel unternehmen, wenn ein Streit im Gange war. Als ich zu Bett gegangen war, hatte ich mich gefragt, ob sich die Kinder wohl nach all dem, was ich zu ihnen gesagt hatte, am nächsten Morgen zanken würden, aber weitere Spekulationen waren unnötig, denn an diesem Morgen stritten sie wie die Teufel. Die folgenden drei Stunden kamen mir wie ganze Tage vor. Schließlich ertönte die Hupe des Schulbusses. Ich hatte das Gefühl, ich hätte den längsten Morgen meines Lebens durchgestanden. Die Kinder hatten sich ununterbrochen angebrüllt. „Wer hat meine Mappe genommen?"

„Hat jemand mein Federmäppchen gesehen?"

„Wo ist das Buch, das ich aus der Bibliothek geliehen habe?" Nachdem ich das Frühstück zubereitet hatte, ging ich nervös herum und hob verschiedene Dinge auf. Ich mischte mich mit keinem Wort in ihre Streitereien ein, aber ich wartete ungeduldig darauf, daß es Zeit für sie wäre, aufzubrechen. Ein letztes Mal lief ich die Treppe hinauf und durch die Zimmer der Kinder. Noch ein paar Tränen. Küsse. Der Eingangstür fiel krachend zu, und sie waren weg. Christopher und ich waren endlich allein. Jetzt war es an mir, aktiv zu werden. Ich war innerlich ganz aufgeregt bei dem Gedanken an das neue Leben mit meinen Kindern. Ich brannte darauf, es zu beginnen. Auch die Tatsache, daß ich mir Geld leihen mußte, konnte mich nicht niederdrücken. Ich rief Leslie an und fragte sie, ob ich mit Christopher bei ihr vorbeikommen könne. Ich haßte es, mir Geld leihen zu müssen, aber heute war es einfach notwendig, denn ich mußte das Radio kaufen. Es gab einige Menschen, die wirklich gut zu mir und meinen Kindern waren. Einer von ihnen war Leslie. „Ich muß mir etwas Geld von dir borgen", gestand ich Leslie, nachdem wir uns begrüßt hatten. „Wieviel?" fragte sie sofort.

„Fünfundzwanzig Dollar", antwortete ich.

„Ist gut, kein Problem." Leslie lächelte freundlich. Sie ging schnell in ihr Schlafzimmer und holte das Geld, kam zurück und händigte es mir aus. Ich dankte ihr, versprach ihr, sie später anzurufen und verabschiedete mich. Es war sehr schnell gegangen. Christopher nahm meine Hand, und wir gingen die Treppe hinunter zu unserem Auto. Aber er blieb vor einem Hydranten stehen und starrte ihn an, als hätte er noch nie zuvor einen gesehen! „Was ist das, Mami?" fragte er und deutete auf diesen Gegenstand, der genauso groß war wie er selbst. Die älteren Kinder hatten ihm in seinem kurzen Leben schon so viel beigebracht, daß seine Frage mich einen Augenblick ziemlich überraschte. Seine Brüder hatten ihm gezeigt, wie man allein auf die Toilette ging, aber er wußte nicht, was ein Hydrant war! Ich nahm mir im stillen vor, Christopher mehr Dinge in unserer Umgebung zu erklären. Heute hatte ich allerdings nur eines im Sinn: hinunter zu dem kleinen Laden neben der „EL"-Tankstelle zu fahren und dieses Radio zu erstehen. Es kostete zwölf Dollar – eine ganze Menge Geld, aber ich brauchte es nun mal dringend. „Wie nennt man das hier in Amerika?" hatte Dreikurs gefragt. „Transistorradio!" hatte jemand aus dem Zuhörersaal gerufen. Ich mußte lächeln, als ich Dreikurs Stimme im Geist wieder hörte. Ich hoffte, daß das Beenden der Streitigkeiten in unserem Haus ebenso leicht wäre, wie es für Joey, John und Anthony gewesen war, Christopher beizubringen, wie man die Toilette benutzte. Es war sonderbar, fand ich, wie wenig ich mich darum gekümmert hatte, wo doch meine eigene Mutter so sehr um meinen Stuhlgang bedacht gewesen war. Erst als ich schon ein junges Mädchen war und zur High School ging, hörte sie auf, von mir zu verlangen, daß ich mich jede Woche einmal auf den kalten Fußboden der Toilette legte, damit sie mir ein Klistier verabreichen konnte. So war es gewesen, seit ich denken konnte. Ich durfte die Toilettenspülung nicht betätigen, ehe sie nicht „kontrolliert" hatte, wie mein Stuhlgang gewesen war. Dieses Ritual, bei dem ich mit heruntergelassenen Unterhosen dalag, hatte in mir stets ein Gefühl von Scham und Erniedrigung ausgelöst. Wenn ich weinte, hieß es nur: „Wenn du weinst, laß ich es noch länger drin, du Heulsuse." Mir war immer nach Heulen zumute. Manchmal dachte ich, ich würde verrückt. Die Verkäuferin beriet mich gut. Ich kaufte mein Radio, und wir verließen den Laden. Es war schwarz, etwa dreißig Zentimeter hoch und zwanzig Zentimeter breit und steckte in einer kleinen schwarzen Hülle, die mit winzigen Löchern versehen war. Ich hatte nie zuvor ein eigenes Radio besessen und fühlte mich reich. Wenn es eine Million Dollar gekostet hätte, hätte ich es nicht mehr wertschätzen können. Zum Glück hatte ich danach noch genügend Geld übrig, um mir das nächste Mal, wenn ich ins Beratungszentrum ginge, Dreikurs' Buch „Kinder – eine Herausforderung" kaufen zu können. Christopher und ich fuhren nach Hause, um Mittag zu essen. Ich stellte mich jetzt schon auf den Nachmittag ein. Christopher machte ein Schläfchen, während ich aufräumte bevor die anderen Kinder von der Schule kämen.

Sie mußten jede Minute zurückkehren, und ich spürte ein Ziehen im Magen und umklammerte das kleine Radio. Wie würden sie sich verhalten? Würden sie sich streiten? Würde ich wirklich ins Badezimmer gehen? Was würde geschehen? Der Schulbus hielt eben vor unserem Haus, als mir diese Gedanken zum x-ten Mal durch den Kopf gingen. Mut, Unruhe und Hoffnung mischten sich miteinander. Vielleicht hatte ich auch ein ganz kleines bißchen Angst, aber nicht allzu sehr. Ich wußte, daß ich keine Angst zu haben brauchte. Dr. Dreikurs hatte es mir am vergangenen Abend gesagt, und ich vertraute ihm. „Hör auf!" schrie Anthony eben aus Leibeskräften, als die Eingangstür aufflog und gegen die Wand knallte. Mit fiel wieder ein, daß ich dringend irgendeinen Schutz hinter der Tür anbringen mußte, um zu verhindern, daß ein Loch in der Wand entstand. Jeden Tag fiel ein weiteres Stück Putz ab. „Hör du auf!" brüllte Joey zurück. Schultaschen fielen krachend auf den Boden. „Du hast angefangen." Anthony ging in die Knie, die Augen schon voller Tränen. „Habe ich nicht! Du warst es!" Joey würde wieder einmal als Sieger aus dem Kampf hervorgehen. „Hör auf, mich zu schlagen! Mami, Joey schlägt mich schon wieder!" Anthony brüllte nun so laut er konnte. Ich wußte, daß er Hilfe von mir erwartete. Das war der Punkt, an dem ich, die gute Mutter, normalerweise einschritt und das gewöhnliche Ritual seinen Lauf nahm: Ich bestrafte den bösen Jungen, tröstete den guten, hielt eine kleine Strafpredigt, in der ich sie aufforderte, sich zu vertragen, und teilte Bestrafungen aus. Gute Mütter taten nun einmal, wenn möglich, alles für ihre Kinder. Gute Mütter gingen den ganzen Tag hinter ihren Kindern her und wiesen sie auf ihre Fehler hin, forderten sie auf, bitte und danke zu sagen, und hofften, ihre Kinder seien perfekt, damit sie selbst als Mütter gut dastanden. Ich wußte, daß ich niemals einem meiner Kind erlaubt hatte, etwas ohne mein Zutun zu meistern. Ich hatte mich immer eingemischt. Meine Schuld war gewesen, daß ich alles für meine Kinder getan hatte. Aber Dreikurs hatte auch gesagt, ich solle mich nicht schuldig fühlen, da ich es ja nicht besser gewußt hatte. Der Streit hatte sich nun in die Küche verlagert – direkt neben mir. Ich begriff, daß ich meine Worte vom vergangenen Abend nun mit Taten untermauern mußte. Schnell nahm ich mein Radio vom Küchentresen. Es war nicht einmal genug Zeit für eine Begrüßung gewesen. In der Diele stolperte ich über irgend etwas und stürzte fast zu Boden, als ich zur Treppe eilte. Ich drehte mich nicht um, aber ich spürte, daß sie mir wütend hinterhersahen. In unserem kleinen Haus führten vierzehn Treppenstufen in den ersten Stock; am Fuß der Treppe und auch am oberen Ende gab es jeweils eine kleine Biegung. Als ich oben angelangt war, machte ich noch zwei Schritte nach links, war im Badezimmer und schloß keuchend die Tür hinter mir ab. Das hatte Dreikurs mir aufgetragen: Gehen Sie ins Badezimmer. Schließen Sie die Tür ab. Drehen Sie das Radio laut und bleiben Sie dort, bis der Streit vorüber ist. „Gut, ich bin bereit", sagte ich laut zu mir selbst. Es dauerte kaum dreißig Sekunden, und ich hatte den Eindruck, als wenn Hunderte von Kindern vor der Tür ständen. Sie begannen, mit ohrenbetäubender Lautstärke an die Tür zu hämmern. Es konnten nicht mehr als fünf Kinder sein, aber man hätte meinen können, es sei eine ganze Armee. Vielleicht würde ich das Radio lauter drehen müssen. Das Klopfen war geradezu furchterregend, und der schmale Holzstreifen, der die Tür einfaßte, bog sich vor und zurück. Ich fürchtete, der Türrahmen könne nachgeben. Das Radio war so laut aufgedreht wie überhaupt möglich, und dennoch war das Gebrüll ungeheuer! Ich hatte das Gefühl, ich wäre niemals in der Lage, diese Szene je irgendeinem Menschen zu beschreiben. Alles kam mir so unwirklich vor. Erlebte ich das tatsächlich? Saß ich tatsächlich eingeschlossen in meinem Badezimmer, in meinem eigenen Haus, mit einem auf volle Lautstärke aufgedrehten Radio und „benutzte mein Badezimmer in der richtigen Weise"? Ich mußte zwar lachen, aber gleichzeitig beschlichen mich auch Zweifel. Zweifel waren etwas sehr Vertrautes für mich. Ganz gleich, was ich tat, ich zweifelte immer stark an mir selbst. Was war, wenn Joe heute abend anrief, um mit seinen Kindern zu sprechen? Seit ich die Scheidung eingereicht hatte, rief er fast jeden Abend an. Er hatte in den letzten zwei Monaten häufiger mit ihnen gesprochen als je zuvor. Er hatte zuvor keinerlei Interesse daran gezeigt, seine Rolle als Vater zu erfüllen, aber jetzt war es anders. Zumindest behauptete er immer wieder, es sei nun anders. Mit Worten war er immer groß gewesen. Ich konnte mich gut an die romantischen Liebesbriefe aus vergangenen Jahren erinnern und daran, daß ich sie immer wieder las, während ich nachts allein in meinem Bett lag. Seine Worte hatten immer ein so gutes Gefühl in mir ausgelöst. Niemand auf dieser Welt liebte mich so sehr wie er. Ohne mich würde er sterben, schrieb er. Und ich hatte geglaubt, das sei die Wahrheit. Niemals waren irgendwelche Taten auf diese Worte gefolgt, aber es waren die schönsten Liebesbriefe der Welt! Das plötzliche heftige Klopfen brachte mich wieder in die Gegenwart zurück, und mir wurde bewußt, daß ich noch immer mit dem plärrenden Radio in meinem Badezimmer hockte. Würde das die ganze Nacht so weitergehen? Mein Kopf begann zu schmerzen. Was würde geschehen, wenn Anthony seinem Vater erzählte, daß Joey ihn schlug und daß Mami sich derweil mit einem laut plärrenden Radio im Badezimmer eingeschlossen hatte? Vielleicht würde er sagen, ich sei eine unfähige Mutter und mir deswegen die Kinder wegnehmen wollen. Nein – das würde er wohl nicht tun. Er würde sie gar nicht haben wollen. Er konnte sich ja nicht einmal an ihre Geburtstage erinnern. Aber – konnte ich sicher sein, daß er es nicht dennoch versuchen würde? Leute taten sich oft schreckliche Dinge an, wenn sie sich scheiden ließen. Hatte ich ihm nicht immer wieder erzählt, daß ich nicht genug Geld besaß, um den Kindern Essen zu kaufen? Und antwortete er nicht jedesmal mit einem bösen Grinsen darauf, das besagte, dies sei eben nun mein Problem? Das Hämmern wurde etwas schwächer und das Weinen lauter. Ich wechselte die Kanäle im Radio und erwischte zufällig Nat „King" Cole, der gerade „Unforgettable" sang.

Ich liebte seine Musik, und seine Stimme beruhigte mich einen Augenblick lang – auch wenn ich sie mit voller Lautstärke hörte. Ich wußte, daß die Leute in unserer Kirchengemeinde über mich redeten. Sie sprachen darüber, wie schlecht ich aussähe, über meine bevorstehende Scheidung und darüber, ob ich wohl etwas mit Father Pat hätte. Und wenn mich jemand in diesem Augenblick sehen könnte, würde er wahrscheinlich sagen, ich sei verrückt. Die Leute hatten schnell ein Urteil parat. Diese Erfahrung hatte ich bald machen müssen. Aber diese „Benutzung des Badezimmer in der richtigen Weise" erschien mir so sinnvoll. Bestraften Eltern ihre Kinder nicht überall auf der Welt, wenn sie sich stritten? Hielten Eltern ihre Kinder nicht überall täglich dazu an, sich mit ihren Geschwister zu vertragen? Taten Eltern nicht, Generation auf Generation, überall genau dieselben Dinge mit denselben mageren Resultaten – ebenso wie ich selbst? Prügel, Belohnungen, Bestrafungen, Standpauken, Verbote, Ausschimpfen: Hatte das je eine Wirkung gezeitigt – im positiven Sinne? Meines Wissens nicht. Jedenfalls nicht in der Familie, aus der ich kam. Ich sah zu, wie der kleine Türrahmen sich unter dem Hämmern hin und herbog. Ich konnte mir keine Familie vorstellen, die trauriger war als meine eigenen Eltern und Geschwister. Sie waren bei weitem die traurigste Gruppe Menschen, die ich je gesehen hatte. Meine Mutter, die mich immer als ihr Eigentum betrachtet hatte, das kontrolliert und geschlagen werden mußte, ist wahrscheinlich noch heute die unglücklichste Person, die ich je gekannt habe.

Bumm! Bumm! Bumm! Es klang wie eine Trommel.

„Mach auf! Mach sofort auf! Jetzt sofort! Mach sofort auf!" Sie brüllten unisono und laut – wie eine Gruppe Fußballfans. Dann hielten sie kurz inne. „Mami! Mami! Mami, mach' die Tür auf! Bitte, bitte! Joey schlägt mich!" Das war Anthony. „John beißt mich!" Das war Joeys Stimme.

„Mami, machst du bitte die Tür auf, ja?" Das war nun Maria. Ich hatte nicht die Absicht, zu antworten, und obwohl die Musik noch immer in voller Lautstärke spielte, konnte es kein Radio geben, das laut genug gewesen wäre, um diesen Lärm zu übertönen. Ich drehte die Dusche an und betätigte dann die Toilettenspülung. Das half ein bißchen, aber das Geschrei und das Hämmern gingen weiter. Ich hatte keine Ahnung, wie lange das noch so gehen würde. Zwei Minuten? Zwei Stunden? Ich hatte das Zeitgefühl verloren, und es war mir auch nicht mehr zum Lachen zumute. Ich war müde. Würden sie nun bald aufgeben? Die ganze Situation war unglaublich. Hier saß ich, eingeschlossen in mein Badezimmer, aber ich hatte das Gefühl, ich sähe einen Film, in dem irgend jemand anderes agierte, nicht ich. Ich stellte das Radio leiser. Es hörte sich so an, als seien einige Kinder hinuntergegangen. Nur wenige weinerliche Stimmen waren noch zu vernehmen. Ich verminderte die Lautstärke noch ein wenig. „Mami, willst du denn überhaupt nicht mehr herauskommen? Wirst du die ganze Nacht da drinbleiben?" John bewachte die Tür. Vielleicht wechselten sie sich ab.

Dies war das einzige wirklich Schwierige und Wagemutige, das ich je in meinem ganzen Leben getan hatte, aber es war sinnvoll. Ich mußte plötzlich an meinen Vater denken und an das, was er einmal über seinen Garten gesagt hatte. Wie ich da auf dem Boden des Badezimmers saß, sah ich dich ganz deutlich vor mir, Daddy, wie du da am Rande des Gartens standest und dich auf deine Hacke stütztest. Dein T-Shirt war schweißdurchtränkt, deine Hosen schlotterten dir über die Hüften, und du unterhieltest dich mit dem alten Emmet, der jedes Frühjahr vorbeischaute, und sprachst gerade davon, wie du verschiedene Gemüsesorten züchtetest und wie sie wuchsen. Wie unerschütterlich du behauptetest, daß die Sorten, die du mochtest, besser zu wachsen schienen als die Sorten, die du nicht mochtest! Wie du die Tomaten düngtest, und wie prachtvoll sie waren. Es sei ein Naturgesetz, daß das, was wir gut pflegen, auch wachse, sagtest du. Ich erinnere mich, wie der alte Emmet darüber lachte und dich „Ole Conway" nannte und dir dabei einen Klaps auf den Rücken gab. In diesem Augenblick verstand ich, daß es bei Kindern genauso funktionierte: Wenn wir ihrem negativen Verhalten Nahrung gaben, würde es noch stärker werden. Und wenn wir dem positiven Verhalten Nahrung gaben, würden wir eben das fördern. Ich erinnere mich mühelos an jenen Tag, denn es war eines der wenigen Male, wo ich hörte, daß du mit irgend jemandem sprachst, und Gott weiß, daß in unserer Familie so gut wie niemals Gespräche stattfanden. Wahrscheinlich konnte ich die Sätze an einer Hand abzählen, die ich dich je in meinem ganzen Leben sagen hörte. Mutter sagte, du würdest dich mit deinen alten Kumpels unterhalten, wenn du Samstag nachmittags in die Innenstadt gingst, aber für mich waren das nur Jahre des Schweigens. All diese Jahre hindurch warst du vollkommen stumm. Sie pflegte zu sagen: „Jetzt schmollt er schon drei Jahre lang" oder „sechs Jahre lang" oder wieviele Jahre es eben gerade waren. Ich verstand das nicht. Alles, was ich wußte, war, daß ihr, du und Mutter, bis ich etwa sieben Jahre alt war, bei jedem Frühstück, Mittagessen und Abendbrot miteinander stritten. Du hattest keinen Job, und es war kein Geld da; und so warst du ständig zu Hause, und Tag für Tag fanden diese lauten, heftigen Streitereien statt. Dann, plötzlich, sprachst du nicht mehr, Daddy. Mutter sagte immer nur Schlechtes über dich, und ich wußte, daß ich dich haßte. Aber ich wußte es eben nicht anders, Daddy. Wenn Mutter sagte, jemand sei schlecht, dann glaubte ich ihr. Im stillen wunderte ich mich über vieles, hätte es aber niemals laut ausgesprochen. Mutter war nicht bereit, sich wegen irgend etwas in Frage stellen oder kritisieren zu lassen. Und wenn ich nach der Schule nach Hause kam und Mutter gerade mal wieder herumbrüllte, verschwandest du immer sofort, sobald Mutter hinter dir herschrie: „Sag' ihr, was du wirklich willst! Sag's ihr!" Das war lange bevor ich wußte, was sie damit meinte. Ich dachte immer, du würdest mich auch hassen, bis zu dem Tag, an dem ich heiratete. Nach der Trauungsmesse sah ich dich auf der Kirchentreppe stehen und konnte erkennen, daß Tränen über deine Wangen rollten. Zuerst dachte ich, du würdest über irgend etwas weinen, aber dann begriff ich irgendwie, daß du meinetwegen weintest. Ich war wie vom Donner gerührt, als mir das aufging. Ich kam mir so unbeholfen war, und ich fühlte eine so große Anspannung in meinem Inneren, während ich an jenem Tag an deinem Arm zwischen den Kirchenbänken hindurchschritt. Du weißt so gut wie ich, daß wir uns niemals zuvor irgendwie körperlich nahe gekommen waren, und ich glaube, ich wußte nicht einmal, wie es war, umarmt zu werden. Mir kam es so vor, als seien wir erst wieder am Tag deiner Beerdigung miteinander in „Berührung" gekommen. Da hatte ich schon einen ganzen Haufen kleiner Kinder. Ich wußte, ich würde dein Gesicht nie mehr sehen, nachdem der Sarg geschlossen wäre. Du sahst wirklich gut aus in deinem grauen Anzug, Daddy. Du warst zweifellos ein attraktiver Mann. Man sagt, ich hätte deine Nase geerbt. Ich denke, das stimmt. Noch immer denke ich an deinen wunderschönen Garten. Viele Menschen sagten, es sei der prächtigste Garten in der ganzen Stadt. Du warst immer furchtbar zornig auf mich, wenn ich einmal dein Salatbeet in Unordnung brachte. Ich verspreche dir, ich werde es nie mehr durcheinanderbringen, Daddy. Je mehr ich über dein einfaches Leben nachdenke, um so besser verstehe ich, wie weise du warst. Ich kann mir dein Gesicht vorstellen, und das hilft mir, da ich weiß, daß die nächsten Wochen sehr schwer für mich sein werden. Aber ich trage eine neue Hoffnung in mir. Ich wünschte, ich könnte dir von all dem erzählen. Du wärst stolz auf mich, Daddy, weil ich beschlossen habe, daß ich deine Enkelkinder anders aufziehen werde. Bisher ist dieser erste Tag mit meiner neuen Erziehungsmethode wirklich sehr bewegt verlaufen. Aus irgendeinem Grund weiß ich, daß du dich nicht darüber lustig gemacht hättest. Vielleicht wärst du imstande gewesen, das Ganze besser zu verstehen als ich.

Es wurde ruhig vor der Badezimmertür, und so stellte ich das Radio ab. Dann schloß die Tür auf und ging hinaus. Ich stand im Flur und atmete tief ein. Noch ehe ich ausatmen konnte, war John schon aus seinem Zimmer gelaufen und hatte meine Hand ergriffen. Ich war kaum drei Sekunden draußen! Und innerhalb der darauffolgenden drei Sekunden wollte auch Anthony meine Hand halten. Die selbe Hand – natürlich! John und Anthony schubsten sich gegenseitig weg, schrien und stießen sich an und begannen sofort, wieder zu streiten. Für meine Kinder war ein Streit so etwas Selbstverständliches wie für andere Menschen der Griff nach der Zigarette, dachte ich, als ich mich umdrehte und schnell zurück ins Badezimmer ging. Anthony hielt meine Hand so fest, daß ich mich buchstäblich von ihm losreißen mußte, während er brüllte. Ich wollte nicht, daß eines der Kinder seine Finger in der Tür einklemmte. Ruhig hob ich daher zuerst John und dann Anthony hoch, setzte sie im Flur ab und schloß dann schnell die Badezimmertür. Es war eine ganz besonnene Handlung gewesen. Wieder gab es einen Aufstand im Flur. Rasch stellte ich mein kleines Radio an. Diesmal viel lauter. Sie nahmen erneut vor der Tür Aufstellung. „Kannst du uns hören, Mami?" brüllte John.

„Sie kann uns hören! Da kannst du Gift drauf nehmen!" schrie Maria. „Mami, Mami! Dir ist einfach alles ganz egal. Ihr ist einfach alles ganz egal!" Das war wieder John Stimme. „Mami! Mamiiiiiii! Bitte komm raus!" Es zeigte sich wieder, daß Anthony seinem Ruf als lautester der Familie voll gerecht wurde. Trotz der dröhnenden Musik konnte ich sie direkt vor der Tür hören. Ich ließ mir ein Bad ein. „Oh, nein! Sie will ein Bad nehmen!" Das war Johns Stimme. Im Geist sah ich in vor mir, wie er auf Knien und Ellbogen dalag und mit seinen kleinen Fäusten auf den Boden schlug. Sie wußten nicht, daß ich sie hören konnte. Das Radio war zu laut, als daß sie das vermutet hätten. Das Hämmern ging weiter. Ich blieb still im Badezimmer, vermeintlich dabei, mich zu entspannen, obwohl ich doch am liebsten hinausgegangen wäre und sie verprügelt hätte –

und zwar nach Strich und Faden. Das Hämmern verlor nicht an Intensität. Ich legte meine Kleider ab und stieg in die Wanne. Wenn ich doch ein größeres Badezimmer hätte! Dieses hier war etwa einen Meter fünfzig auf einen Meter achtzig groß, einschließlich der Badewanne, grünbraun gekachelt, und hatte ein winziges Fenster, aus dem man nur hinaussehen konnte, wenn man sich auf die Kante der Badewanne stellte. Aber wahrscheinlich hätte es im Augenblick an der Situation auch nichts geändert, wenn es das schönste Badezimmer der Welt gewesen wäre. „Erziehung. Ich leiste Erziehungsarbeit. Ich erziehe meine Kinder." Ich sprach jetzt laut mit mir selbst. „Das ist das Vernünftigste, was ich tun kann. Es ist etwas schwieriger als ich es mir vorgestellt hatte, also sollte ich meinen Humor lieber nicht verlieren. Aber hätte ich mir das vorstellen können? Nein – niemals! Können sie hören, wie ich mit mir selbst spreche? Nein, ich weiß, daß sie's nicht können. Bald wird es Zeit für das Abendessen sein. Was würde meine Mutter wohl sagen, wenn sie mich jetzt sehen könnte? Darüber will ich lieber gar nicht nachdenken. Dreikurs hat gesagt, es würde schlimmer werden, bevor es besser wird. Und er sagte, es würde nicht leicht sein. Das ist eine glatte Untertreibung. Dies hier ist unglaublich schwierig, doch gleichzeitig ist es komisch und irgendwie auch eine Herausforderung. Das Hämmern geht einfach immer weiter. Entweder bin ich sehr mutig oder vollkommen verrückt. Aber bisher hat es noch keine Wirkung gezeigt. Sie testen mich – aber es war mir wirklich ernst, als ich sagte: ich komme nicht heraus." Das Hämmern wurde schwächer. Ich machte plätschernde Geräusche in der Wanne und stellte das Radio leiser. Im Flur war es wieder ruhig. Das Hämmern hatte aufgehört. Vollkommen. Vielleicht habe ich das Schlimmste nun hinter mir, dachte ich. Wie lange war ich diesmal im Badezimmer geblieben? Doch die Zeitdauer spielte keine Rolle, auf das Resultat kam es an. Ich stieg aus der Wanne, trocknete mich mit einem feuchten Handtuch ab. Ich wischte das Wasser vom Boden auf, zog mich an und öffnete die Tür.

Ich konnte sie in den unteren Räumen hören. Ich atmete tief ein und ging dann hinunter. Es war Zeit, mit der Zubereitung des Abendessens zu beginnen. Maria, Joey und John saßen auf dem Boden und machten ihre Hausaufgaben. Anthony warf kleine Papierkügelchen auf ihre Bücher. Christopher saß daneben und sah ihnen zu. Ich war kaum zwei Minuten in der Küche, als Anthony anfing zu brüllen. „Hör auf. Hör auf, Joey! Ich sag' es Mami!" Sicherlich konnte man es im ganzen Wohnviertel hören. Noch ehe ich den Kühlschrank schließen konnte, wurde es lauter. „Hör auf, sonst geht sie wieder ins Badezimmer!" rief Maria. Maria kam in die Küche, um mir eine Frage zu ihren Hausaufgaben zu stellen; währenddessen begann John, Christopher zu hänseln. Joey schlug weiterhin auf Anthony ein. In Windeseile waren sie vom Brüllen zum Streiten übergegangen. Ich wußte, daß ich mich zurückziehen mußte. Ich lief auf die Treppe zu und begriff, daß ich schon zu lange gewartet hatte. „Wir hören auf!" brüllten sie gleichzeitig. Ich eilte weiter. „Wir hören auf, Mami!" Ihre Stimmen klangen verzweifelt, aber ich ließ mich nicht aufhalten. „Geh' nicht rauf, geh' nicht, Mami!" bat John inständig. Mein Kopf schmerzte fürchterlich, und ich wußte nicht, ob das von der lauten Musik oder dem Streiten oder davon kam, daß ich hungrig und müde war. Ich verschloß die Tür hinter mir, drehte das Radio an und wartete. Das Brüllen und Rufen verlagerte sich vor die Badezimmertür. Ich legte den Badevorleger auf den Boden und setzte mich darauf. Ich wünschte, ich hätte ein Buch bei mir gehabt. Ich wünschte, dies alles wäre vorbei. Ich wechselte die Kanäle. Musik, Stimmen, Songs, Nachrichten. Alle Kanäle auf voller Lautstärke. Ich wartete. Die lauten Geräusche vor der Tür wurden allmählich schwächer. Ich wollte raus aus diesem Badezimmer. Ich drehte das Radio wieder leiser. Draußen schien alles ruhig zu sein. Der Streit hatte diesmal nicht sehr lange gedauert. Wieder ging ich hinunter, aber innerhalb von zwei Minuten war ich erneut im Badezimmer. Rauf. Runter. Rauf. Runter. Rauf. Runter. Noch dreimal. Würde das denn niemals ein Ende nehmen? Zum siebten oder achten Mal, seit die Kinder aus der Schule gekommen waren, trat ich ruhig aus dem Badezimmer und stieg hinunter. Es sah so aus, als hätten einige Kinder sich ein Sandwich genommen. Ich ging an ihnen vorbei in die Küche. „Habt ihr gegessen? Christopher, hast du etwas gegessen?" – „Ja, ich habe ihm ein Sandwich gegeben, Mami", antwortete Maria stolz. Wieder einmal war ich verblüfft, wie sehr Marias Sprechweise meiner eigenen ähnelte, und ich haßte diesen Tonfall. „Danke, Maria. Wollt ihr, daß ich heute abend eine Geschichte vorlese?" fragte ich, als sei alles wie sonst auch. Wie neu und schwierig war es für mich, ihre Streitereien nicht mit einer Bestrafung zu beenden oder ihnen eine Standpauke zu halten. Vielleicht hätte ich sie nur noch ein einziges Mal ermahnen sollen, sich zu vertragen. Nein! So hatte ich es bisher gemacht. Keine Wut, keine Standpauken mehr, sagte ich zu mir. In dieses Verhalten wollte ich nicht zurückfallen. Sei still und sag' nichts, schärfte ich mir im stillen immer wieder ein. „Ja! Tust du das?" Anthony strahlte über das ganze Gesicht, als er das fragte. Ich sagte ihnen, ich würde heute abend in Joeys und Anthonys Zimmer warten, und sobald alle fertig fürs Bett wären, würde ich mit der Geschichte beginnen. Ich wartete geduldig. Sie machten ziemlich viel Lärm im Badezimmer, aber ich schritt nicht ein. Danach konnten sie sich zuerst nicht einigen, welche Geschichte vorgelesen werden sollte, aber ich blieb ruhig, während sie herumstritten. Schließlich einigten sie sich auf eine Geschichte. Es war das erste Mal an diesem Tag, wo ich von den Ergebnissen meines Nichteinmischens ermutigt war. „Gut, Kinder, ich beginne jetzt. Es war einmal ein kleiner brauner Bär ..." – „ ... Und das ist das Ende der Geschichte, Kinder." Mein Kopf fiel auf das Kissen. „Ohhhh ..." Die Kinder streckten sich auf dem Boden aus. Ihr Gähnen war ansteckend. „Kommt, ich reib' euch noch den Rücken und pack' euch ins Bett." Ich stand auf und streckte mich. Es war ein sehr langer Tag gewesen. Länger als jeder andere, an den ich mich erinnern konnte.

„Reibst du meinen, Mami?" Anthony wollte der erste sein und rannte zu seinem Bett. „Sicherlich", sagte ich leise. Ich liebte die Ruhe, die eintrat, wenn ich ihnen den Rücken massierte. Anthonys Rückenmassage dauerte etwa drei Minuten, aber mir kam es wie eine Stunde vor. Es waren noch vier weitere Rücken zu reiben, und ich hatte schon jetzt keine Kraft mehr. Ich gab ihm einen liebevollen Klaps auf den Hintern – das Zeichen, daß ich fertig war –, zog ihm die Decke bis an die Ohren und gab ihm einen Gutenachtkuß. „Gute Nacht, Anthony. Ich liebe dich." Ich stand auf und schickte mich an, auf dem oberen Bett Joeys Rücken zu reiben. „Hast du den großen Kratzer gesehen, den ich auf meinem Arm habe, Mami?" Anthony erhob sich, wobei seine Decke herunterfiel. „Soll ich dir den Rücken reiben, Joey?" Ich beachtete Anthonys Gepetze gar nicht. „Ja!" Joey rutschte zur Bettkante.

Ich langte unter die Decke und suchte mit meiner Hand nach seinem Rücken. Das Oberbett war ziemlich hoch angebracht, daher hatte ich immer Mühe, den, der oben schlief, zu erreichen. Aber ich hatte meinen Vater seinerzeit gebeten, es genau so anzufertigen. Es war so gemacht, daß ein Erwachsener, der auf dem unteren Bett saß, mit dem Kopf nicht an das Oberbett stieß – wie es bei gekauften Etagenbetten oft der Fall war. „In Ordnung", hatte mein Vater gesagt. „Ich bohre 280 Schrauben in dieses Etagenbett für meine Enkel. Die kriegen sie so schnell nicht lose." Und dann hatte er gelacht. „Sagst du gar nichts zu meinem Arm?" fragte Anthony. „Fühlt sich das gut an, Schatz?" erkundigte ich mich bei Joey. „Hmm, ja, ganz toll, danke, Mami. Hmm, ja da", sagte er und deutete auf sein linkes Schulterblatt. Anthony stellte mir keine Frage wegen seines Arms mehr. Ich war froh, daß ich auf sein Petzen nicht eingegangen war. Danach ging ich in den Flur, die wenigen Treppenstufen zum nächsten Kinderzimmer hinunter. Zwei Massagen hatte ich schon getätigt, drei hatte ich noch vor mir. Ich war zu müde, um all die Dinge aufzuheben, die überall im Haus verstreut herumlagen und sie in einem abgeschlossenen Raum abzulegen, wie Dreikurs mir aufgetragen hatte. Mit diesem Teil der Erziehung mußte ich noch etwas warten. Das ganze Theater mit dem Badezimmer war anstrengend genug. Aber Dreikurs hatte ja gesagt, es würde schlimmer werden, ehe es besser würde. Wahrscheinlich hatte ich das Schlimmste schon hinter mir. Ich mußte mich entspannen.

„Natürlich hatte ich Angst, daß man dich umbringt! Es ist sechs Uhr morgens, und du standest genau vor meiner Schlafzimmertür, kaum einen Meter von meinem Trommelfell entfernt, und hast gebrüllt wie am Spieß! Es hörte sich an, als würdest du gleich ermordet!" Ich war in Tränen aufgelöst, als ich alle Kinder im Flur zusammenrief. „Mami, er hat mich so furchtbar geschlagen." Anthony lehnte sich gegen die Tür meines Schlafzimmers und schluchzte. „Es tut mir wirklich leid, daß dies geschehen ist, Anthony, aber ich bin sicher, daß Joey und du damit allein fertig werden könnt." Ich wußte, daß ich die richtigen Worte sprach, aber ich hörte den Zweifel in meiner Stimme, und sie würden vor allem meine Haltung wahrnehmen, nicht meine Worte. Ich griff eben nach dem Türknauf des Badezimmers, als ein Stoffhund an meinem Kopf vorbeiflog. Kaum zu glauben, daß es so früh am Morgen anfing. Aber im Grunde war dies nichts so Ungewöhnliches. Es war seit Gott weiß wie vielen Jahren jeden Morgen dasselbe gewesen. Ich wußte, daß ich kein weiteres Wort sagen durfte und nur handeln sollte, aber ich war so furchtbar enttäuscht. Nach dem gestrigen Tag hatte ich wirklich geglaubt, es würde besser. Statt dessen begann es so früh wie immer, und – vielleicht bildete ich mir das auch nur ein – es kam mir vor, als sei das Geschrei lauter als sonst. Ich hatte das alles so satt. Als ich im Badezimmer war, stellte ich das Radio an, aber der Streit fand genau vor der Tür statt, und die Musik konnte all das Geschrei und Geheule nicht übertönen. „Mami, Mami, darf ich hereinkommen? Ich muß auf die Toilette. Darf ich bitte hereinkommen?" Es hatte den Anschein, als sei John immer der erste, der zu betteln begann. „Siehst du, was du getan hast? Du hast sie dazu gebracht, daß sie wieder hineingeht!" rief Maria John zu. „Ach, halt die Klappe, Maria. Das hab' ich nicht!" brüllte John zurück. „Es war Joeys Schuld. Er hat mich geschlagen!" Ich drehte das Radio laut. Wieder hämmerten sie gegen die Tür. War das eine Art und Weise, den Tag zu beginnen! Es war der zweite Tag, und ich sagte mir, daß ich nicht aufgeben konnte noch wollte. Sie durften nicht glauben, daß ich mich durch ihr Hämmern und Schreien hinauslocken ließ. Ich würde im Badezimmer bleiben, bis der Streit zu Ende war; dazu war ich fest entschlossen. Sie brüllten, daß sie nun bald in die Hosen machen würden. Nun, sie konnten ja hinuntergehen. Wir hatten unten eine zweite Toilette. Es war wieder ruhig geworden, daher kam ich heraus. Ich mußte sie zur Schule schicken, aber noch war viel Zeit. Es war erst sieben Uhr dreißig. Die Lunchpakete mußten hergerichtet werden. „Bitte stell' den Fernseher aus." Ich war innerlich ein wenig nervös. Konnten sie das spüren? Aber entging diesen Kindern eigentlich jemals irgend etwas? Ich hatte stets den Eindruck, die Kinder könnten meine Gedanken mit einem Röntgenblick lesen. „Wollt ihr zum Frühstück Porridge?" Ich versuchte, entspannt zu klingen. Ich gab Wasser und Haferbrei in einen Topf und stellte den Herd an. „Ja, danke, Mami!" antworteten Maria und John sofort und rannten in die Küche. „Bitte holt eure Schalen und Löffel, ja?" Ich stand mit dem Gesicht zum Herd da, so daß sie meine Miene nicht sehen konnten. „Ich hol' sie." John zog einen der Stühle, die um den Tisch herumstanden, heran und begann, darauf zu klettern. „Ich mach' das." Joey war sofort hinter ihm und zerrte an dem Stuhl. „Hör auf, an dem Stuhl zu ziehen, Joey!" brüllte John, schwang seinen Arm herum und versuchte, Joey zu schlagen. „Habe ich dich etwa gestoßen, Johnny?" fragte Joey spöttisch. Er zog den Kopf ein, um Johns Arm auszuweichen. „Jungs, hört lieber auf, sonst geht sie wieder ins Badezimmer." Maria war nervös und versuchte verzweifelt, die Dinge zu glätten. Doch schnell entwickelte sich ein handfester Streit. Ich drehte den Herd ab. Besser rohes Getreide als eine unbewachte Flamme auf dem Herd. Ich begriff, daß ich wahrscheinlich schon zu lange gewartet hatte. Ich lief aus der Küche, durch die Diele und die Treppe hoch. „Nein, geh' nicht weg, Mami, wir hören auf!" brüllten sie und rannten hinter mir her. Ich zögerte einen Augenblick lang, und eines der Kinder packte mich an einem Bein. „Bitte, Mami, geh' nicht, es tut uns leid." Das war Anthonys Stimme. Ich drehte mich um und sah, daß sie alle am Fuße der Treppe standen und mich anstarrten; ihre Blicke bettelten um Nachsicht. „Laß mein Bein los!" brüllte ich hysterisch.

Ich wollte ruhig bleiben, aber das war unmöglich. Anthony hielt mich weiter fest; er hatte seine Arme fest um mein Bein geschlungen. Während ich mich langsam die Treppe hinaufzog, rief ich ihm immer wieder zu, er solle mich loslassen, doch sein kleiner Körper ließ sich nicht abschütteln. Für einen Außenstehenden wäre es wahrscheinlich spaßig gewesen, diese Szene mitanzusehen, aber für mich war es alles andere als komisch. Als ich die Treppe zur Hälfte erreicht hatte, zerrte ich Anthony von meinem Bein los. Ob mein hysterisches Benehmen alles zunichte gemacht hatte? Und wenn schon – das Wichtigste war, daß mir die Zusammenhänge immer klarer wurden. Ich war nicht länger in ihrer Gewalt. In der Sicherheit des Badezimmers, bei verschlossener Tür und plärrendem Radio, wartete ich geduldig, während sie gegen die Tür stießen und hämmerten und markerschütternde Schreie ausstießen. „Mami, der Haferbrei schmeckt komisch, wir können ihn nicht essen!" Maria führte die kleine Gruppe an. „Was ist mit unseren Lunchpaketen?" Joey schloß sich ihr an. „Wir müssen zur Schule. Weißt du denn nicht, daß wir zur Schule müssen?" schrie Maria fordernd. „Das ist ihr egal. Sie kann uns hören, aber es ist ihr ganz egal." Das war nun Johns ständige Leier. „Du weißt doch gar nicht, ob sie uns hören kann! Vielleicht kann sie's auch nicht?" Joey nahm für mich Partei, das tat er öfters. „Doch, das tut sie, sie kann

uns hören." John hatte oft das Bedürfnis, Joey zu widerspre-
chen. Ich blieb ruhig, hoffte aber, sie würden bald aufhören,
so daß ich herauskommen und sie zur Schule schicken
konnte. Es gab keinen Grund, warum das nicht klappen
sollte. Am Vortag war ich ja auch jedesmal, wenn die Streiterei wieder angefangen hatte, ins Badezimmer gegangen.
Laut Radio war es acht Uhr, als der Moderator Paul Harvey
mit seiner Morgensendung begann. Der Bus würde um acht
Uhr fünfundzwanzig hier sein. Noch war Zeit. Aber nichts
deutete darauf hin, daß die Schläge an die Tür bald aufhören würden. Dreikurs hatte gesagt, ich solle mich im
Badezimmer entspannen. Entspannung kommt mit der
Übung, aber im Augenblick konnte ich mich nicht entspannen. Ich war mir zwar sicher, daß ich einen Prozeß in Gang
gesetzt hatte, der unser gesamtes Leben verändern würde,
doch ich wollte natürlich auch, daß sie pünktlich zur
Schule kamen. Ich hatte sie noch nie ohne Abschiedskuß
zur Schule geschickt; selbst wenn ich aufgeregt oder ärgerlich war, hatte ich sie immer geküßt, wenn sie das Haus
verließen. Aber als die Minuten nun verrannen, fragte ich
mich, ob es auch diesmal möglich sein würde. Maria
spürte, daß ich nicht herauskommen würde und eröffnete
es ihren Brüdern. „Jetzt habt ihr es geschafft, Jungs. Sie
kommt nicht heraus." Da sie wie ein stellvertretender Kom-
mandeur auftrat, glaubten die Jungen ihr immer. Mein Herz
tat mir weh bei dem Gedanken, daß sie dieses Mal ohne
Abschiedskuß zur Schule gehen mußten. Aber es sollte
eben nicht sein. Nur mein Ausharren im Badezimmer
würde diesen Kindern ermöglichen, die Folgen ihres Han-
delns zu erkennen. Ein paar letzte Schreie tönten vom Erdgeschoß zu mir herauf, ehe ich hörte, wie die Tür zuknallte.
Sie waren auf dem Weg zu ihrem Bus. Ich hatte durchgehal-
ten. Es war nicht gerade das, was eine „gute Mutter" tat –
sich in das Badezimmer zurückziehen, sich weigern, die
Streite ihrer Kinder zu schlichten, das Frühstück halbfer-
tig stehen zu lassen und sie ohne einen Abschiedskuß in
die Schule zu schicken. Und dennoch war es besser so. „Sei

stolz" redete meine innere Stimme mir zu. „Sei stolz, daß du anfängst, deine Kinder richtig zu erziehen. Denk daran, daß Dreikurs sagte, daß sie eine Gruppe bilden, die gegen dich ist, daß sie aber auch eine Gruppe bilden könnten, die für dich ist. Denk daran, wie gut du dich neulich abend in seiner Gegenwart gefühlt hast. Laß dich nicht von deinen Zweifeln verunsichern. Du weißt, was du zu tun hast. Die Dinge werden leichter und besser werden, wenn du jetzt nicht wankst." Innere Stimmen konnten etwas Magisches haben. Als sie dann wieder aus der Schule kamen, war ich schon im Badezimmer, noch ehe die Kinder überhaupt aus dem Schulbus gestiegen waren – zumindest kam es mir so vor. Das Streiten fing an, noch ehe die Eingangstür zuschlug. Aber an diesem Nachmittag war ich gut gerüstet. Im Laufe des Tages hatte ich Kräfte gesammelt. Ich hatte wirklich keine Lust, wieder ins Badezimmer zu gehen, doch mir blieb nichts anderes übrig. Was mich ermutigte, war, daß ich eine Änderung in ihrem Verhalten bemerkte. Sie stritten sich nicht mehr um irgendwelche Dinge, sondern vielmehr darüber, wessen Schuld es sei, daß ich ins Badezimmer ging. „Du hast sie dazu gebracht, reinzugehen!" sagte John, den Tränen nahe. „Habe ich nicht! Es war Anthonys Schuld!" rief Joey, als eben irgendein großer Gegenstand gegen die Tür schlug. Während ich an der Einstellskala meines Radios drehte, kam der Gedanke, daß ich vielleicht einen Sender aussuchen sollte, an dem auch meine Nachbarn Gefallen finden könnten. Ich kicherte, wenn ich daran dachte, wie verrückt diese ganze Situation auf einen Außenstehendem wirken mußte. Das Radio war auf volle Lautstärke gestellt, und sicher konnten die Leute im Wohnhaus nebenan es hören. Ich wählte eine leichte Unterhaltungsmusik, in der Hoffnung, daß sie am wenigsten störend auffiele, wenn sie zwischen den Häusern widerhallte. „Es wird schlimmer werden, bevor es besser wird …" Und morgen war auch noch Samstag! Die Kinder würden den ganzen Tag zu Hause sein. Ich ahnte, daß ich die ganze Zeit im Badezimmer und die Kinder vor der Tür verbringen würde. Als die Luft wieder einmal rein war, lief ich schnurstracks in die Diele. Sie hatten nicht allzuviel Schaden angerichtet. Ein paar Fotos waren von den Wänden gefallen. Diese billigen Rahmen aus dem Warenhaus gingen ohnehin immer schnell entzwei. Ich hob die Stücke auf. Ich bemerkte ein paar tiefe Kratzer an der Badezimmertür. Früher hätten mich diese Kratzer vielleicht gestört. Aber jetzt nicht mehr.

Samstag war immer großer Fernsehtag. Es war der dritte Tag meiner neuen Erziehung, und wieder wachte ich durch den Lärm des Schreiens und Streitens auf. Zeter und Mordio. Die ersten paar Stunden verbrachte ich damit, ins Badezimmer zu gehen und wieder herauszukommen. Bald konnte ich gar nicht mehr zählen, wie oft ich das schon praktiziert hatte. Ich saß auf dem heruntergeklappten Deckel der Toilette und lauschte. Das einzige, was ich hören konnte, war der Fernseher. Ich wußte, daß sie unten waren und mit den Augen am Bildschirm klebten. Es war elf Uhr vormittags. Den letzten Song, den ich im Radio gehört hatte, vor mich hinsummend, verließ ich mein Refugium. Ich zog mein graues Sweatshirt über und schwor mir wie jeden Tag, daß ich es so bald wie möglich wegwerfen würde. Aber neue Kleider konnte ich mir in naher Zukunft sicher nicht leisten, und das graue Sweatshirt durfte noch nicht ausrangiert werden. Rasch lief ich die Treppe hinunter. Ich war müde, aber es war nicht derselbe Grad von Erschöpfung, den ich empfunden hatte, ehe ich gelernt hatte, meine unablässigen Strafpredigten einzustellen. Jetzt hatte ich die Verantwortung übernommen; ich entschied darüber, was ich selbst tun würde anstatt darüber, wozu ich meine Kinder veranlassen wollte. Ich fragte mich, ob das, was ich empfand, wohl eine Art Freiheit war. Ruhig ging ich zu ihnen hinein. „Zeit, den Fernseher abzustellen, Kinder." Meine Stimme war leise, aber bestimmt. Völliges Schweigen. Niemand rührte sich. Ich spielte mit meinen Haaren und versuchte, ungezwungen zu wirken. „Hey, Kinder, es ist

Zeit, den Fernseher abzustellen." Ich wollte, daß meine Stimme fest und bestimmt klang. Sie gaben keine Antwort und taten so, als hätten sie mich nicht gehört. Dann, nach einer langen Pause, kam gedehnt: „...müssen wir wirklich, Mami?" – „Ja." Meine Stimme war durchaus nicht so ruhig wie ich wollte, das spürte ich ganz deutlich. Und wenn ich das spürte, spürten dann nicht auch sie es? Meine Gedanken wurden von einer weiteren Frage unterbrochen. „Dürfen wir das noch zu Ende sehen?" erkundigten sich Maria, Joey, John und Anthony unisono. Christopher saß schweigend daneben. „Wie lange geht das noch?" fragte ich zögernd.

„Nur bis zwölf Uhr dreißig. Noch fünfzehn Minuten. Bitte, Mami!" bettelten John und Maria. Die beiden hielten immer zusammen. „Okay. Aber dann wird ausgemacht." Meine Stimme klang unsicher. John spürte den Zweifel in meiner Stimme und fing an, laut zu schreien, alle seine Freunde dürften sehr oft fernsehen, während er mit seinen Geschwistern fast nie fernsehen dürfe. „Immer bestimmst du alles. Wir können nie tun, was wir wollen." Er funkelte mich wütend an und stampfte dabei mit den Füßen. Es kam mir gar nicht in den Sinn, auf seine Vorwürfe zu reagieren und mich auf einen Schreiwettkampf einzulassen, aber ich haßte es, wenn ich diese Worte hörte. Nicht zum ersten Mal hatte John mir das an den Kopf geworfen. Er mußte wissen, wie sehr ich das haßte. Ich fuhr mir mit den Fingern erneut durchs Haar und hoffte, daß ich noch immer ungezwungen wirkte. Ich mußte einen Augenblick warten, um die Gewißheit zu haben, daß ich nicht ärgerlich klang. Ich hoffte, daß ich die richtigen Worte fände. „Nun, das wird sich sicher ändern, wenn wir erst einmal anfangen, jede Woche unsere Familienversammlung abzuhalten, mein Schatz." Dann ging ich in die Küche. Ich rollte meine Ärmel hoch und begann, die Teller abzuspülen. Fünfzehn Minuten vergingen, ohne daß etwas passiert wäre. Es war Zeit, den Fernseher auszuschalten. Ich fing an, mich vor dem Rest des Tages zu fürchten. Ich haßte es, dauernd auf die Uhr sehen zu müssen und den Polizisten zu spielen, aber ich wußte, daß ich meine Worte durch Taten untermauern mußte. Ich wünschte, dieser schwierige Augenblick wäre schon vorüber. Der Reiz des Neuen war schon vorbei. Zuerst war mir diese Erziehungsmethode aufregend erschienen, aber nachdem ich so viele laute und einsame Sitzungen in meinem Badezimmer verbracht hatte, ging es mir langsam an die Nieren. „Sie haben eine ganze Gruppe gegen sich, aber Sie können sie auf ihre Seite ziehen." – „Es wird schlimmer werden, bevor es besser wird." Immer wieder hörte ich im Geist seine Worte. Sie gaben mir Kraft. Es war anstrengend, den Mut zu bewahren. Wie konnte etwas, das so einfach klang und so vernünftig war, so schwierig sein? „Bitte, stellt jetzt den Fernseher aus", sagte ich, wobei ich meine feuchten Hände am Geschirrtuch abwischte. „Hör auf damit!" schrie Anthony eben aus einem mit unbekannten Grund und sprang auf. „Du hast angefangen!" brüllte Joey zurück. Auch er sprang auf die Füße, verlor jedoch das Gleichgewicht und fiel auf Maria. „Gib es mir, du gemeiner Rohling! Es gehört mir!" schrie John noch lauter als gewöhnlich und rannte in eine Ecke, um sich vor seinem Bruder zu schützen. „Es gehört dir nicht! Gib es mir." John zog die Schultern hoch und ballte seine kleinen Hände zu Fäusten. Er würde wieder einmal gewinnen. Es war mir gleich, weswegen sie eigentlich stritten. Ich legte das Geschirrtuch auf den Küchenschrank, drehte das Wasser ab und ging zur Treppe. Im stillen sagte ich mir immer wieder: „Ich erziehe meine Kinder. Und das ist einfach notwendig." Das hielt mich aufrecht. Ich hatte es satt, ins Badezimmer zu gehen. Es kam mir so vor, als praktiziere ich das nun schon Jahre, obwohl ich es doch erst den dritten Tag tat. Als John nicht aufhörte zu brüllen, schrien sie ihn an: „Du bringst sie dazu, ins Badezimmer zu gehen!"

Maria weinte. Anthony und Joey prügelten sich und warfen sich gegenseitig Schimpfwörter an den Kopf. Christopher sah nur zu. Innerhalb weniger Sekunden war ich im Badezimmer. Glücklicherweise konnte man es in unserem kleinen Haus von überallher erreichen. Kurz darauf hörte ich das gewohnte Bum, Bum, Bum an der Tür, aber Moment mal – es war nicht so laut und heftig wie zuvor, oder täuschte ich mich? Und es hörte schnell wieder auf – fast so schnell wie es angefangen hatte. Ich kletterte auf den Rand der Badewanne, schaute aus dem winzigen Fenster und sah, wie jemand in das Haus nebenan ging. Ich fragte mich, was sie wohl denken mochten, wenn sie das Radio so laut plärren hörten. Es war ein warmer, sonniger Tag. Die Kinder waren an sonnigen Tagen nie im Haus, aber heute war ich mit Erziehen beschäftigt und wußte, daß keiner von uns viel hinauskommen würde. Vielleicht war das Schlimmste nun vorüber. Es zeichneten sich bereits Veränderungen ab, aber ich war mir nicht so sicher, daß ich schon sagen konnte, es sei wirklich vorbei. Doch das hatte ich auch gestern gehofft. Viel Gewißheit hatte ich nicht, aber es stand fest, daß ich mich nie mehr einmischen würde, wenn die Kinder miteinander stritten. Sie stritten sich noch immer so laut wie zuvor, aber die Dispute waren buchstäblich innerhalb von wenigen Sekunden vorüber. Immer wenn ich oben an der Treppe angelangt war, hörte ich noch ein paar „Schsch, schsch, schsch"s, und dann war es ruhig. Mein Handeln zeigte Wirkung. Sie stritten, und ich verschwand. Ich verschwand, und das Streiten hörte auf. All die vergangenen Jahre hatte ich genau das getan, was meine Mutter getan hatte: Ich hatte geredet, ermahnt, gedroht und bestraft. All das hatte ich nie gerne gemacht, aber ich wußte nicht, was ich statt dessen unternehmen sollte. War dies nun wirklich die Lösung der Probleme? Zuweilen kamen mir Zweifel. Ich sehnte mich danach, mit jemandem zu sprechen – mit irgend jemandem, der älter als elf Jahre war. Ich öffnete die Tür einen winzigen Spalt weit und lauschte. Sie mußten in den Keller gegangen sein, denn ich hörte keinen Ton. Ich legte mich ein paar Minuten lang auf mein Bett; ich war erschöpft. Doch ehe ich mich vollkommen entspannen konnte, hörte ich wieder Geräusche; sie kamen aus dem Keller. Es klang so, als sei eine ganze Armee im

Anmarsch. Ich hatte das Gefühl, ich sei zu keiner Bewegung mehr fähig. Eine Parade, dachte ich. Sie hatten sich Töpfe und Pfannen als Lärminstrumente geholt. Brüllend und schreiend stampften sie die Treppe zum Erdgeschoß hinauf. Sie zogen durch die Diele und erklommen die Treppe, die in den ersten Stock hinaufführte, wo ich mich aufhielt. Es war Zeit, mich wieder zurückzuziehen, und ich stand von meinem Bett auf. Mir wurde klar, daß es noch nicht ausgestanden war. Ich verschloß gerade noch rechtzeitig die Badezimmertür. John und Anthony weinten. Ich stellte das Radio an. „Mami, komm raus und schau dir unsere Parade an!"

„Ach, mach' dir keine Mühe. Wir sind ihr ganz egal." Dieser Satz schnitt mir in die Seele wie ein Messer, aber jetzt verstand ich ihn. Der Streit würde nicht lange dauern. Soviel wußte ich zumindest. Und so geschah es dann auch. Der ganze Spuk hörte fast ebenso schnell auf wie er begonnen hatte. Ich war frei! Ich war keine Sklavin mehr! Am liebsten hätte ich mich aus dem Fenster gebeugt und allen Vorübergehenden die wundervolle Entdeckung kundgetan, die ich gemacht hatte. All diese Jahre des ewigen Streitens waren vorbei. Der Samstagnachmittag neigte sich seinem Ende zu, und ich war noch immer am Leben. Unten war alles ruhig. Sie sprachen so leise, daß ich sie kaum hören konnte. Ich streckte mich wieder auf meinem Bett aus und kicherte wie ein kleines Kind. Ich muß eingeschlafen sein, denn als ich meine Augen öffnete, war es dunkel draußen. Ich ging hinunter und sah, daß die Kinder noch immer ruhig waren. Sie hatten den Tisch gedeckt, die Servietten aufgelegt, Getränke hingestellt, Sandwichs mit Mortadella-Wurst zubereitet und Wackelpudding in Schälchen gefüllt. Man spürte, daß sich etwas geändert, wirklich geändert hatte. Ganz offenbar hatte eine Art „Durchbruch" stattgefunden. Ich schwor mir, daß ich, falls eines der Kinder einen Mucks machte oder zu streiten anfinge, hinausgehen und für den Rest des Abends nicht mehr herunterkommen würde. Anscheinend spürten sie das. Zeigte sich meine

Entschlossenheit auf meinem Gesicht? Vermutlich ja. Ich glaubte, das Schlimmste sei vorüber: drei Tage, in denen ich „das Badezimmer auf die richtige Weise benutzt" hatte, drei Tage in der Hölle, drei Tage Tränen, Lachen, Wahnsinn und Mut. Ich liebte mein Radio, aber ich hatte wirklich keine Lust, den Rest meines Lebens im Badezimmer zu verbringen und verschiedene Sender durchzuprobieren. Und jetzt wußte ich, daß das auch nicht nötig war. Ich saß mit den Kindern auf dem Boden im Wohnzimmer, und wir aßen das improvisierte Abendessen, das sie zubereitet hatten. Es gab kein Schubsen und kein Stöße-Austeilen mehr. Keiner hackte auf dem anderen herum. Kein kleiner Fuß „glitt aus" oder gab „versehentlich" einem anderen einen Tritt. Niemand beschwerte sich, weil ein anderer angeblich mehr bekommen hatte als er selbst. Niemand machte einem anderen den Platz streitig. Während ich da mit meinen Kindern saß, kam mir selbst die Luft friedlich vor. Mir fehlten einfach die Worte. Meine Kinder hatten aufgehört, sich zu streiten. War das ein Wunder? Würde es andauern? Ich kannte die Antworten auf diese Fragen nicht, aber jetzt fühlte ich wieder Hoffnung und Mut in mir. Ich hatte begriffen, warum meine Kinder sich stritten, und – was noch wichtiger war – wie man das Gezänk beenden konnte. Am nächsten Morgen wachte ich auf, alles war ruhig. Hatte ich das je zuvor erlebt? Ich konnte mich gar nicht erinnern, wann ich einmal nicht durch einen Streit geweckt worden war. Ich hatte das Gefühl, das müßte ich einer Zeitung melden! Es war wirklich Frieden in unserem Haus eingekehrt. Der Morgen verging rasch. Unten frühstückten die Kinder, aber man vernahm keinen Streit. Ich wartete darauf, daß jemand die Stille unterbräche und zu schreien anfinge. Aber nichts dergleichen geschah. Ich war in Hochstimmung. „Wir wollen uns für die Kirche fertig machen", sagte ich, während ich den Küchenschrank abwischte. Nachdem wir nach der Messe eine Menge Donuts verschlungen und mit vielen Freunden aus der Gemeinde geplaudert hatten, kamen wir nach Hause. Als ich in die Küche ging, begann John eben, eines seiner Geschwister zu hänseln. Ich sah nicht, wer es war, und ich wollte es auch gar nicht wissen. Ich drehte mich einfach um und ging zur Treppe. Auf halbem Weg rief Maria mich zurück. „Geh nicht, bitte geh nicht, Mami, geh nicht!"

Ich zuckte mit keiner Wimper, während ich hinaufging – diesmal ganz langsam. Ich tat es eigentlich nur der Form halber. Niemand schrie. Tatsächlich war es so ruhig, daß man eine Nadel hätte fallen hören. Es war vorbei. Ich ging ins Badezimmer, verschloß die Tür und stellte das Radio an. Kein Streit war auf der anderen Seite der Tür zu hören. Diesmal war ich aus Prinzip ins Badezimmer gegangen – sozusagen als Test. Ich konnte es selbst kaum glauben. Es würde eine ganze Weile dauern, bis ich das alles überhaupt begreifen würde.

Als Familienversammlungstag hatten wir den Sonntag ausersehen. Es war unsere zweite Versammlung. Nun galt es, andere Dinge anzugehen. Ich setzte mich mit allen Kindern auf den Wohnzimmerboden. Die Vorstellung, zu einem regelmäßigen festgesetzten Termin eine Familienzusammenkunft abzuhalten, war uns allen fremd. Ich wußte nicht, wie es ablaufen sollte. Ich hatte keinerlei Vergleichsmöglichkeit. „Gut, Kinder", begann ich. „In Zukunft werde ich eure herumliegenden Sachen in den abgeschlossenen Raum legen, wie ich euch letzte Woche erzählt habe." Sie starrten mich schweigend an.

„Von jetzt an werde ich, nachdem ihr ins Bett gegangen seid, durchs Haus gehen und alles aufheben, was ich auf dem Boden finde." Ich hielt inne und schaute sie in der Erwartung einer Antwort an. Schweigen. Ich fuhr fort: „Ich werde euch also nicht mehr ermahnen, eure Sachen aufzuheben und wegzuräumen, okay?" – „Okay", murmelten sie. Sie starrten mich weiter mit leeren Blicken an. „Also, ganz gleich, um welche Dinge es sich handelt – wenn sie außerhalb eurer Zimmer herumliegen, werden sie in die Abstellkammer gesperrt. Und ihr bekommt sie erst am Ende der Woche wieder." Ich machte eine kleine Pause und wartete

auf ihre Reaktion. „Herrgott nochmal ...", begann John un-
mutig.

„Herrgott nochmal ..., John? Was willst du sagen?" Ich
beugte mich vor, als könne ich damit die Worte aus ihm
herausziehen. „Ach, nichts." Er lehnte sich zurück und
schaute mich nicht an. „Doch, sag's mir", bat ich ihn.

„Nein, ist egal", sagte er und schaute dabei auf Tony.
„Nun gut. Habt ihr alle verstanden, was ich gesagt habe? Ich
werde euch künftig nicht mehr ermahnen und auch nicht
mehr bestrafen. Ich werde nur herumgehen und das aufheben, was ihr liegengelassen habt." Ich schaute sie der
Reihe nach an. „Wir haben dich verstanden, Mami. Wie oft
wirst du es noch wiederholen?" fragte Maria. Sie klang gereizt. „Schön, ich werde es nicht mehr sagen." Ich vermute,
ich erwartete eine stärkere Reaktion. Ich hoffte, daß sie mir
glauben würden. An dem Abend, wo wir von dem Treffen
mit Dreikurs zurückgekommen waren, hatte ich ihnen von
diesem Plan erzählt. Aber in den vergangenen Tagen war
ich von meinen ständigen Gängen ins Badezimmer so erschöpft gewesen, daß ich keine Energie mehr gehabt hatte,
ihn in die Tat umzusetzen. An diesem Tag ging ich nach
der Gutenachtgeschichte und dem Rückenreiben hinunter,
um einen ruhigen Abend zu genießen. Ich nahm einen der
großen grünen Müllsäcke, die unter der Spüle lagen, und
ging damit durchs Haus. Ich füllte ihn bis obenhin. Fast
kam es mir vor, als lägen mehr Dinge herum als je zuvor.
Ich stellte den Sack in meine Abstellkammer und verschloß
die Tür. Ich konnte mir nicht vorstellen, was am Morgen
geschehen würde.

Am nächsten Morgen schien die Sonne, und es war ungewöhnlich ruhig. War es die Ruhe vor dem Sturm? Ich war
nervös. Ich hatte keine Ahnung, was auf mich zukam.
Natürlich hatte ich auch zuvor niemals gewußt, was mich
mit meinen fünf Kindern erwartete. Aber was würde heute
geschehen, sobald die Kinder entdeckt hätten, daß ich
meine am Vortag gemachte Ankündigung wahr gemacht

hatte? Ich stand gerade in der Küche und bereitete Porridge zu, als ich sie hörte. „Maria, hast du meine Schulmappe gesehen?" fragte John. „Joey, hast du mein Lesebuch gesehen?" Das war Marias Stimme. „Anthony, hast du meinen Pullover genommen?" fragte Joey verdutzt. „Ich kann meinen Mantel nicht finden!" rief Anthony verzweifelt. „Wo sind meine Turnschuhe? Ich hatte sie hier hingelegt!" John klang, als würde er allmählich nervös. „Wo ist mein Mantel?" Joeys Stimme klang nun zornig. „Christopher, geh bitte rauf in mein Zimmer und sieh nach, ob meine Büchertasche dort ist." Das war wieder Anthony. „Glaubst du, sie hat ..." flüsterte John so laut, daß ich es hören konnte. Und dann ertönte die laute Frage:

„Mami, hast du meine Schulmappe gesehen?"

Mein Herz machte einen Sprung, und mein Magen zog sich zusammen, als ich ruhig antwortete: „Ja, ich habe eine Schulmappe gesehen, John." – „Weißt du, wo sie ist, Mami?" fragte er.

„Ich habe sie weggeräumt", sagte ich leise.

„Kann ich sie bitte haben?" Er starrte mich jetzt an und hatte die Hände in die Hüften gestemmt. Ich wußte, ich daß ich eine Riesenportion Mut brauchte, um dieses Gespräch zu Ende zu führen. Ich brauchte Festigkeit, durfte aber nicht wütend werden. Also antwortete daher ruhig: „Ja, John. Du kannst sie am Ende der Woche wiederhaben." – „Aber ich brauche sie jetzt! Jetzt sofort! Für die Schule!" rief er. „Und was ist mit meinen Turnschuhen? Die muß ich auch haben." – „Tut mir leid." Ich drehte mich um und schaute über die Spüle hinweg aus dem Fenster. Er murrte und ächzte und stampfte dann schreiend aus dem Zimmer. „Sie hat sie genommen! Sie hat meine Schulmappe weggeräumt! Du kannst dein Buch nicht finden, Maria! Sie hat es weggeräumt. Du kannst deine Schuhe nicht finden, Anthony? Sie hat sie weggeräumt. Frag sie! Hör selbst, was sie sagt! Du kannst deine Stifte nicht finden, Joey? Sie hat sie weggeräumt. ‚Du bekommst sie erst Ende der Woche wieder', sagt sie. Sie hat sie in die Abstellkammer geschlossen.

Spaßig, was? Ich werd' gleich mal deine Sachen wegräumen, die da rumliegen, du Herumkommandiererin!" brüllte er aus dem Nebenzimmer zu mir herüber. „Glaubst du, du kannst hier alles bestimmen?" Er schimpfte und tobte, rannte die Treppe hinauf und wieder hinunter. Es fiel mir schwer, nicht laut herauszulachen – die Szene war köstlich. „Jetzt nehm' ich einfach deine Sachen! Warte nur! Du denkst wohl, du kannst dir alles mit uns erlauben!" John war noch nicht fertig. Er ging ins Badezimmer und schlug die Tür hinter sich zu. Währenddessen rechtfertigte ich in Gedanken fieberhaft meine Tat: „Kinder, ihr könnt nicht behaupten, ich hätte euch nicht vorgewarnt. Ich habe euch jahrelang ermahnt, habe geredet und geredet, bis mir der Mund fransig wurde. Jeden Tag habe ich eure Sachen aufgehoben, habe gemeckert und mich beschwert. Aber ganz gleich, was ich sagte – all meine Worte waren wirkungslos." John kam gerade aus dem Badezimmer, als die anderen Kinder zur Eingangstür stürmten. Es war acht Uhr fünfundzwanzig, und der Bus wartete. „Mami, kann ich bitte meine Schulmappe haben? Ich muß sie mitnehmen. Nur dies eine Mal, bitte … Ich werde sie nie wieder herumliegen lassen! Bitte, Mami!" Ich gab keine Antwort, stand nur schweigend da und schaute auf den Boden. Maria wartete geduldig, bis John geendet hatte.

„Mami, ich weiß, daß ich mein Buch gestern Abend liegengelassen habe, aber ich werde es nicht wieder tun. Keiner von uns wird es noch einmal tun, das verspreche ich dir. Kann ich also bitte mein Buch jetzt wiederhaben, anstatt erst am Ende der Woche? Ich brauche es nämlich für den Unterricht. Mein Lehrer hat gesagt, daß ich heute laut vorlesen muß. Die Jungen und ich haben miteinander gesprochen und beschlossen, daß wir es nie wieder tun werden. Wir wissen, daß wir unsere Sachen aufräumen sollten, ohne daß du uns dazu aufforderst. Bitte, Mami, kann ich es haben?" Alle standen sie schweigend da und versuchten, mir ins Gesicht zu schauen. „Ich glaube nicht, Maria." Meine Stimme klang aufrichtig und energisch. „Okay! Ich muß jetzt los, kommt Jungs ..." brüllte Maria, während sie mit theatralischen Gebärden zur Tür stapfte. Diesmal nicht, Maria, diesmal nicht. Mein Kopf war ganz klar. Sie begannen, sich gegenseitig anzubrüllen, und ich wußte, daß es für mich Zeit war, mich zurückzuziehen. Ein Teil von mir war geneigt, ihnen ihre Sachen wiederzugeben. Ich wollte ihnen noch einen Versuch zugestehen. Ob ich es tun sollte? Vielleicht hatte sie schon daraus gelernt. Würde ich ihre Sachen wirklich bis zum Ende der Woche in der Abstellkammer unter Verschluß halten? Ja – ich durfte jetzt nicht nachgeben. Ich mußte dem eine Chance geben. Ich mußte diesen Test machen und beobachten, ob Taten wirkungsvoller waren als Worte. Ich mußte jetzt durchhalten und ins Badezimmer gehen, auch wenn ich ihnen im Grunde gerne noch eine Chance gegeben hätte. Ich ging zur Treppe. „Oh nein", stöhnte John, „jetzt geht sie wieder ins Badezimmer!" – „Was sollen wir jetzt tun?" heulte Maria.

Es war Zeit, das Radio anzustellen und „das Badezimmer in der richtigen Weise zu benutzen". Ich konnte sie an der Eingangstür weinen und aufgeregt miteinander reden hören. Ich hielt den Atem an, denn ich wußte, daß auch viele ihrer Kleider in der Abstellkammer waren. Sie würden nicht umkommen, auch wenn ich sie jetzt allein ließe. Das hatte ich letzte Woche gesehen. Aber ganz sicher würden sie nun zur Schule gehen und wie kleine Waisen wirken, die keine Mutter hatten. Was würden ihre Lehrer von mir denken? Viele Menschen in unserer Kirchengemeinde sprachen schon über meine Scheidung. Ich schauderte. Doch wenn ich meine Kinder richtig erziehen wollte, durfte ich mich nicht von solchen Meinungen beeinflussen lassen. Die Kinder heulten, während sie verzweifelt herumrannten und sich gegenseitig halfen, ihre Sachen zu suchen. Ich wußte, daß es draußen sehr kalt war – etwa zwanzig Grad minus. Ich stand im oberen Flur und lauschte. Sie murmelten vor sich hin, aber sie stritten sich nicht. Statt dessen halfen sie sich gegenseitig. Der Busfahrer hupte schon zum zweiten Mal. Maria dirigierte ihre Geschwister zur Tür. Ich lief rasch zu meinem Schlafzimmerfenster und spähte hinaus. Anthony hatte Marias alte rote Stiefel an den Füßen und trug zwei alte Pullover von Nana, die jahrelang unbeachtet in irgendeiner Schublade gelegen hatten. Es war der „Schichtenlook" – lange bevor er Mode wurde! Nana wäre glücklich gewesen, wenn sie gesehen hätte, daß jemand endlich einmal etwas trug, was sie gestrickt hatte. Ich schaute ihm ungläubig hinterher. Er sah so breit wie groß aus und konnte sich kaum beugen. Joey trug weiße Socken an den Händen anstelle von Handschuhen und ein riesiges braunes Kordhemd, das sein Großvater bei seinem letzten Besuch dagelassen hatte. John hatte den alten gelben Mantel mit der Kapuze übergezogen, den Maria von einer Freundin bekommen hatte. Er schwitzte sicher furchtbar darin, aber wenigstens fror er nicht. Maria hatte ihr altes marineblaues Kape an und darunter einen weiteren unförmigen Pullover von Nana. Das Schultertuch, das sie um den Hals geschlungen hatte, sah aus wie ein alter, seidener Schal aus der Kostümkiste. Sie trug meine alten Winterstiefel. Sie mußte sie im Keller gefunden haben. Joey trug als einziger seine eigenen Schuhe. Ich wußte, daß ich mehrere Paar Schuhe weggeschlossen hatte. Keines der Kinder trug eine Kopfbedeckung. Der Bus verschwand an der Straßenbiegung. Ich versuchte, mir die Gespräche in der Schule vorzustellen. „Wo ist dein Buch, Maria?"

„Ich habe es nicht dabei, Ma'am. Meine Mutter hat es gestern abend weggeräumt und gesagt, ich bekäme es erst Ende der Woche wieder." Nein – das würden sie wohl nicht sagen, oder? Wahrscheinlich nicht, aber sicher konnte ich nicht sein. Und wer würde ihnen überhaupt glauben? Als sie an diesem Nachmittag von der Schule kamen, war ich zuversichtlich, daß sie von nun an ihre Sachen aufräumen würden und das „Abstellkammer-Training" beendet sei. Als sie am vorigen Abend ihre Sachen liegengelassen hatten, hatten sie wohl nur testen wollen, ob es mir wirklich ernst gewesen war. Ich machte mich darauf gefaßt, daß sie noch immer ärgerlich auf mich waren, aber sie kamen herein, und keiner sagte ein Wort über das, was am Morgen geschehen war. Später hörte ich, wie John flüsterte: „Du solltest das jetzt aufräumen, Maria, sonst nimmt Mami es weg." Sie antwortete im selben Tonfall: „Tu ich ja, aber geh' mir nicht auf die Nerven." – „Zeit fürs Abendessen!" rief ich aus der Küche.

„Ah, toll – Hamburger." Joey leckte sich die Lippen. „Gibt's auch Pommes frites?" fragte John hoffnungsvoll, während er sich auf einen Stuhl setzte. „Heute abend nicht, aber manchmal essen wir ja Pommes frites, John", sagte ich. „Aber nicht gerade oft", sagte er und füllte sich den Teller. Im stillen lachte ich über das, was am Morgen geschehen war, doch ich wußte, daß ich es mir nicht anmerken lassen durfte. Sie durften nie denken, daß ich sie auslachen würde. Nach dem Abendessen gingen die Kinder hinauf. „Sagt mir Bescheid, wenn ihr zum Schlafengehen fertig seid, ich komme dann rauf und lese euch eure Gutenachtgeschichte vor", rief ich. „Wir sind fertig, Mami", rief Joey kurz darauf hinunter. Als ich hinaufging, mußte ich über alle die Dinge springen, die sie auf dem Boden liegengelassen hatten. Ich war sicher, die Kinder würden, sobald sie ihre Geschichte gehört hätten, hinunterlaufen und ihre Sachen aufräumen. Nach der Geschichte gab ich ihnen einen Gutenachtkuß, massierte ihnen die Rücken und ging in mein Zimmer. Und tatsächlich hörte ich sie bald darauf die Treppe hinunterrennen. Phantastisch, dachte ich, es ist erst der zweite „Tag der verschlossenen Abstellkammer", und schon haben sie ihre Lektion gelernt. Doch als ich später hinunterging, fiel mir vor Überraschung das Kinn herunter: Noch immer lagen ihre Sachen überall verstreut herum. Was konnte ich anderes tun als einen zweiten Müllsack zu holen und mich an die Arbeit zu machen? In diesen Sack tat ich wieder ein Paar Sportschuhe, zwei weitere Bücher, eine Krawatte von der Schuluniform, ein paar Lesezeichen, ein Spielzeugauto, einige Bauklötzchen, ein Halstuch, eine Mappe, einen Kamm, eine Puppe und einen Leihbüchereiausweis. Ich hatte gedacht, dieser Teil würde leichter werden. Ich hob jeden Gegenstand vom Boden auf – vom Wohnzimmer bis zur Küche. Dies also war ein weiterer Test meiner Kinder. Warum sonst hätten sie diese Dinge herumliegen lassen, wo ich ihnen doch unmißverständlich klargemacht hatte, welche Folgen es hätte? Ich trug den Sack die Treppe hoch und stellte ihn in die Abstellkammer.

Am nächsten Tagen waren die Kinder ebenso ausgefallen angezogen wie am Vortag: dicke Pullover anstelle von Mänteln, Stiefel anstelle von Halbschuhen, Socken anstelle von Handschuhen, eine Männerkrawatte anstelle von Joeys Uniformkrawatte. Anthony, dessen Gesicht schmutzverschmiert war, grinste über John, weil der wieder Evas alten gelben Mantel trug. Es gab an diesem Morgen nicht viel Klagen, nur eine Menge erstaunter Blicke und eine kleine Strafpredigt. „Ich hab' euch gestern abend doch gesagt, ihr sollt eure Sachen wegräumen!" erinnerte John seine Geschwister. „Anthony, zieh' etwas über deine Hände. Wir kommen zu spät, wenn ihr Jungs euch nicht beeilt. Wo ist meine Schultasche?" Maria übernahm die Kontrolle. „Ich hole deine Schultasche, Maria." Alle Brüder schienen den Boden zu verehren, über den Maria schritt. Die Abstellkammer war übervoll von all den Gegenständen, die ich im Laufe der Woche eingesammelt hatte. Ich wäre genauso froh wie die Kinder, wenn ich die Kammer am Ende der Woche leeren würde. Ich fragte mich, was Anthonys Lehrerin wohl sagen würde, wenn sie sähe, daß er keine Halbschuhe trug – sondern Stiefel und einige Paar Socken übereinander. Ich hoffte, daß mich niemand aus der Schule fragen würde, warum die Kinder so sonderbar gekleidet wären, denn ich wollte um keinen Preis auch nur versuchen, es zu erklären. Mein Kopf war so voll von anderen Dingen. Dieses „Training" war so anstrengend gewesen, daß ein Großteil meiner Energien und meiner Gedanken davon absorbiert worden war. Nun, wenigstens wurde ich dadurch von dem Schmerz über meine Scheidung und meiner Angst, allein weiterleben zu müssen, abgelenkt.

Am Samstagmorgen – zehn Tage waren vergangen, seit ich gelernt hatte, „mein Badezimmer in der richtigen Weise zu benutzen" und sieben Tage, seit ich die Aktion mit der „abgeschlossenen Abstellkammer" begonnen hatte – nahm ich die beiden großen Säcke aus meiner Kammer und kippte sie auf dem Wohnzimmerboden aus. Meine fünf Kinder stürzten sich auf den Haufen und fanden die Dinge wieder, die sie während der Woche vermißt hatten. Sie benahmen sich, als sei es die Weihnachtsbescherung! Die Angst, die ich mein ganzes Leben lang in mir gehabt hatte, begann sich aufzulösen. Obwohl ich wußte, daß ich es rational wohl nicht erklären konnte, war mir klar, daß sich in letzter Zeit unglaubliche Dinge in meinem Haus, mit meinen Kindern und mit mir selbst zugetragen hatten. Was würde aus mir werden? Würde ich eine Mutter und Frau werden, die eigenständig denken konnte?

Siebtes Kapitel

Zurück zur Strafpredigt

Sechs Wochen waren vergangen, seit ich mit meiner neuen Erziehungsmethode begonnen hatte. Ich schenkte mir selbst eine Cola ein und zündete eine Zigarette an, während ich ins Wohnzimmer ging. Die Küche war an diesem Nachmittag in einer fürchterlichen Unordnung. Ich hielt es dort nicht lange aus – zumindest nicht, ohne den Wunsch zu verspüren, einigen Kindern ein paar kräftige Schläge dafür zu verpassen, daß sie sie so schmutzig hinterlassen hatten. Die Kinder waren im oberen Stockwerk und sollten eigentlich ihren Mittagsschlaf halten. Doch sie machten einen Heidenlärm – sie stritten sich. Mir platzte der Kragen. Ich stellte meine Cola auf den Couchtisch, nahm immer zwei Stufen auf einmal und war innerhalb von Sekunden an der Schlafzimmertür. Ich riß sie so heftig auf, daß sie gegen die Wand krachte und etwas Putz zu Boden fiel. Ich war fuchsteufelswild. „Habe ich euch nicht gesagt, daß ihr Mittagsschlaf halten sollt?" brüllte ich. War ich ärgerlich wegen der Küche oder weil sie nicht schliefen? Ich hatte keine Ahnung, und es war mir auch gleich. Ich war nicht in der Stimmung, ihnen irgend etwas durchgehen zu lassen. „Es war nicht meine Schuld, Mami, es war ..."

„Wage es nur ja nicht, jemand anderem die Schuld zuzuschieben", unterbrach ich und spürte, wie ich zitterte. „Ich habe das so satt: ‚Es war seine Schuld, es war ihre Schuld, es war nicht meine Schuld, ich habe es nicht getan.' Ich habe das alles so satt, daß ich kotzen könnte. Seid jetzt endlich still und legt euch ins Bett oder ich verpasse euch eine Tracht Prügel." Ich beugte mich herunter, hob ein Spielzeug auf und warf es geräuschvoll in die Spielzeugkiste. Die Kinder machten keinen Mucks. Sie schlüpften so schnell unter ihre Decken, daß ihre Bewegungen kaum wahrzunehmen waren. Ich traute meinen Ohren nicht. Ich haßte den Klang meiner Stimme, wenn ich mich hinreißen ließ und losbrüllte. In den vergangenen Tagen hatte es immer wieder kleine Streitereien gegeben, und ich hatte sie durchgehen lassen, ohne ins Badezimmer zu verschwinden. Warum hatte ich wieder gebrüllt? Man fiel so leicht in alte Verhaltensweisen zurück. Ich muß ihnen für jede Handreichung und jede freundliche Tat, die mir bei ihnen auffällt, danken, sagte ich zu mir selbst. Und wenn ich im Augenblick nichts sehen kann, dann muß ich nach etwas Positivem suchen. Ermutigung, nicht Lob ist angesagt. Schau Joey nicht wütend an, denn er spürt meinen Zorn, auch wenn meine Worte etwas anderes ausdrücken, mahnte ich mich. Auch durfte ich Anthony im stillen nicht mehr „Schreihals" nennen. Ich mußte aufhören, auf Fehler hinzuweisen. Wir verbringen unser ganzes Leben damit, auf die Fehler anderer hinzuweisen, besonders die unserer Kinder. Aber man kann nicht auf Schwäche bauen, nur auf Stärke, dachte ich. Ermutige sie. Konzentriere dich auf die Tat, nicht auf den, der handelt, sagte ich mir. Theoretisch war mir das alles vollkommen klar, nur setzte ich es noch nicht genügend in die Praxis um. Ich mußte mir auf die Zunge beißen und negative Worte vermeiden, ganz gleich, wie schwer mir das fiel. Fange jeden neuen Morgen so an, wie die Kinder es tun, sagte ich mir. Vergiß, was am Vortag war. Also ging ich hinunter, nahm meine Cola und trank einen großen Schluck. In all diesen Wochen hatte die neue „Badezimmernutzung" so gut funktioniert. Die Streitereien der Kinder hatten einige Wochen lang gänzlich aufgehört. Warum fingen sie jetzt wieder damit an? Was hatte ich falsch gemacht? Wie kam es, daß ich wieder zu dem Punkt zurückgekehrt war, an dem ich mich befand, bevor ich Dreikurs traf? Ich mußte mit Roslyn sprechen. Ich ging zum Telefon und wählte ihre Nummer, in der Hoffnung, daß sie zu Hause war. Glücklicherweise meldete sie sich. „Roslyn, ich weiß nicht, was geschehen ist. Die Kinder streiten sich wieder, und ich werde wütend und halte ihnen Strafpredigten. Ich weiß nicht, was ich falsch gemacht habe, aber es ist furchtbar. Ständig habe ich den Drang, sie zu verprügeln." Ich hielt inne und wartete auf ihre Antwort. Roslyn sagte mir, sie sei eben im Begriff, das Haus zu verlassen. „Ich gehe einkaufen, und dann muß ich die Jungen vom Kindergarten abholen", sagte sie. „Aber morgen komme ich bei dir vorbei, und dann können wir darüber reden."

Am darauffolgenden Nachmittag begrüßte ich Roslyn überschwenglich an der Haustür, während Robert und Richard zu meinen Kindern in den Garten liefen. Ich begann sofort, ihr mein Herz auszuschütten. „Ich weiß nicht, was passiert ist. Warum streiten sie sich plötzlich wieder so viel?" – „Meine Kinder kommen hierher lieber als sonst irgendwohin", sagte Roslyn. „Wußtest du das? Hier ist es anders, und die Kinder spüren das – Erwachsene auch, aber Kinder habe ein besseres Wahrnehmungsvermögen als wir. Und was deine Kinder betrifft, so testen sie dich", fuhr sie fort. „Sie testen dich, um zu sehen, ob sie es sich wieder erlauben können. Sie wollen sehen, wie weit sie gehen können. Du brauchst einen ‚Auffrischungskurs'. Wie ich dir schon vorher gesagt habe, müssen wir regelmäßig ins Beratungszentrum gehen. Wenn du ins Badezimmer gehst wie zu Anfang, wird das Streiten ebenso schnell wieder aufhören, wie es begonnen hat. Und diesmal wird es keine drei Tage dauern wie vorher. Ich glaube nicht, daß du dafür mehr als ein einziges Mal wieder ins Badezimmer zu gehen brauchst." Roslyn schaute mich an. „Und amüsiert euch auch mal. Hast du mit deinen Kindern in dieser Woche etwas getan, was euch so richtig Spaß gemacht hat? Ich weiß, daß du ihnen jeden Abend eine Geschichte vorliest, aber spielt ihr auch manchmal gemeinsam draußen? Ich weiß, daß dich die Scheidung sehr in Anspruch nimmt, aber du mußt auch an andere Dinge denken." Mein Leben war in letzter Zeit sehr anstrengend gewesen. Ich hatte nicht das Gefühl, daß Roslyn wirklich verstand, wie meine Welt momentan aussah. Sie selbst hatte einen Ehemann, der sie emotional und finanziell unterstützte. Ich spürte, daß ich jetzt nicht in der Lage war, über meine Scheidung zu sprechen. Daher redete ich mit Roslyn fast nur über meine neuen Erfahrungen mit den Kindern. „Roslyn", sagte ich, „als ich den Kindern meinen Plan mit der abgeschlossenen Abstellkammer erzählte, haben sie mich in der ersten Woche getestet, um zu sehen, ob ich zu meinem Wort stehen würde. Als ich meinen Worten Taten folgen ließ, lernten sie sehr schnell, ihre Sachen aufzuräumen, wenn sie von der Schule nach Haus kamen und bevor sie abends zu Bett gingen. In wenigen Tagen wurde es zur Routine. Aber wenn ich einmal einen Abend weniger konsequent war, lagen die Sachen am nächsten Tag wieder überall herum. Und mit dem Badezimmer war es dasselbe. Wenn sie miteinander stritten – ich spreche jetzt nicht von damals, von den ersten drei Tagen – und ich nicht ins Badezimmer ging, wurden die Streitereien noch heftiger. Aber wenn ich zu meiner Ankündigung stand und sofort hinausging, hörten auch die Streitereien rasch wieder auf." Ich zündete mir noch eine Zigarette an und schaute Roslyn auf der Suche nach einer Antwort an. Ich hatte in letzter Zeit Unmengen von Zigaretten geraucht und fand das schrecklich. „Weißt du, ich habe gehört, wie Dreikurs sagte, daß Kinder bestimmte Dinge immer und immer wieder versuchen, einfach um zu sehen, ob die früheren Regeln immer noch gelten. Unsere Kinder sind schlauer als wir, deshalb sagt Dreikurs ja auch immer, er will den Eltern beibringen, ihren Kindern ebenbürtig zu sein." Roslyn schüttelte ihr Haar zurück und wartete darauf, daß ich etwas sagte. „Roslyn, ich glaube, ich verstehe das alles allmählich etwas besser. Das hoffe ich zumindest." Ich lachte wieder. So also funktionierte das – sie probierten wieder aus, wie weit sie gehen konnten, und wenn ich mich darauf einließ, wurde es noch schlimmer. Meine Aufmerksamkeit förderte ihr schlechtes Betragen. Wenn ich es hingegen nicht beachtete, hörte es auf. Roslyn brach das Schweigen. „Was ist sonst noch geschehen?" – „Wir hatten fürchterliche Probleme mit der Küche", antwortete ich. „Wie fürchterlich ist fürchterlich?"

„Ziemlich fürchterlich, finde ich. Bei unseren wöchentlichen Familienversammlungen verpflichten sie sich zwar, bestimmte Aufgaben zu übernehmen, aber kaum die Hälfte davon führen sie dann auch aus. Die Küche sieht gewöhnlich so aus, als habe eine Bombe eingeschlagen. Das heißt, bis ich sie abends aufräume, wenn sie zu Bett gegangen sind." Halb lachte und halb weinte ich. „Wenn sie nach der Schule eine Kleinigkeit essen, so ist die Spüle danach voll schmutziger Teller und Gläser mit Milchrändern. Zudem stehen auch noch ölige Bratpfannen und schmutzige Töpfe auf dem Herd. Der Müll stapelt sich bis sonstwohin mit all den alten Zeitungen, Cornflakes-Schachteln, Apfelbutzen, Milchkartons und pappigem, halbgekochtem Porridge." Ich sprudelte das alles nur so hervor. „Und wie fühlst du dich bei all dem?" Man sah Roslyn an, daß sie sich ein Lächeln verkneifen mußte. „Wütend! Ich habe eine Sauwut! Ich habe Lust, sie alle umzubringen." Meine Stimme wurde lauter und ich spürte, wie Tränen in meine Augen traten. Ich versuchte, sie zurückzuhalten, da ich mir wie ein kleines Kind vorkam, wenn ich weinte. Ich wußte nicht, ob Roslyn es bemerkte; jedenfalls sagte sie nichts. „Aber was tust du, wenn Konflikte auftreten? Hast du die Kapitel über natürliche und logische Folgen in ‚Kinder fordern uns heraus' schon gelesen?" erkundigte sich Roslyn, als wolle sie mich testen. „Ja, habe ich", antwortete ich und schwieg einen Augenblick. „Ich denke, ich muß mich zurückziehen. Soll ich ‚mein Seilende beim Tauziehen' fallen lassen? Oder von zu Hause wegrennen?" Ich mußte über mich selbst lachen, während ich das sagte. „Von zu Hause wegrennen ist sicher nicht die Lösung." Roslyn lachte auch. „Was ist die wichtigste Lektion, die man aus diesen beiden Kapiteln erhält? Können wir die Kinder erziehen, wenn wir wütend sind? Können wir je in einem Streit mit einem Kind gewinnen?" Sie war jetzt sehr ernst. „Nein, natürlich nicht.

In Zeiten von Konflikten kann keinerlei Erziehung erfolgen. Wenn ich wütend bin, kommt es zum Streit. Das vergesse ich immer wieder. Ich denke dann, ich würde sie erziehen, aber in Wirklichkeit streite ich mit ihnen. Mit Worten oder ohne. Ich sage ihnen, wer der Boß ist, und versuche, sie zu bestrafen." Ich machte eine Pause. „Aber kann ich nicht wenigstens ein kleines bißchen der Boß sein?" Ich lachte. „Das sage ich nur zum Spaß, Roslyn." – „Ich verstehe, wie du dich fühlst, und ich bin sicher, daß jede andere Mutter auf der ganzen Welt dich verstehen würde. Aber das müssen wir eben lernen. Wir können nicht der Boß sein. Wir müssen unsere Kinder mit Freundlichkeit und Festigkeit leiten, und gerade die Kombination aus beidem ist so schwierig. Viele Leute können freundlich sein, ohne fest zu sein, und viele Leute können fest sein, ohne freundlich zu sein. Ich habe gehört, wie Dreikurs darüber sprach, und er hat recht. Lies also dieses Kapitel über Freundlichkeit und Festigkeit als nächstes, okay? Dann können wir darüber diskutieren." „Ich lese das ganze Buch – zumindest versuche ich es. All das klingt so leicht, aber es ist in Wahrheit so schwer." – „Laß dich nicht entmutigen, Mary. All das braucht Zeit. Schau dir an, wieviel du schon erreicht hast. Es ist so leicht, das Positive zu vergessen, weil wir alle dazu erzogen wurden, Fehler zu bemerken. Aber so wie wir lernen müssen, die positiven Anteile unserer Kinder zu bemerken, müssen wir auch lernen, das Positive an uns selbst zu würdigen. Das fällt uns nicht leicht, aber wir können es lernen. Es tut mir leid, daß ich unser Gespräch hier abbrechen muß, aber ich muß jetzt gehen. Wir sprechen ein andermal weiter, ja?" Sie öffnete die Tür und trat auf die Veranda hinaus. Ich folgte ihr. „Danke, Roslyn. Danke vielmals." Ich legte einen Arm um sie und umarmte sie halb, als eben das Telefon zu klingeln begann. „Nichts zu danken." Roslyn gab Robert und Richard durch ein Zeichen zu verstehen, daß es Zeit sei, zu gehen. „Gehen wir doch morgen ins Beratungszentrum zur Demonstration." – „Ja, gut."

Sie öffnete das Tor und fuhr davon.

Ich ging ins Haus zurück und hob den Hörer ab. Es war wieder einmal meine Schwester Carolyn. „Mary Cecile, willst du dich immer noch scheiden lassen?" – „Ja."

„Oh, Mary Cecile, was ist nur los mit dir? Du hast eine kranke Seele. Du wirst in die Hölle kommen und verbrennen, und es ist dir ganz egal! Mir tun deine armen Kinder so leid. Sie haben eine Heidin als Mutter. Ich wünschte, ich könnte deine armen Kinder zu mir nehmen. Gott sei Dank ist Daddy tot und muß das nicht mit ansehen. Du bringst unsere Mutter um. Hörst du mir zu? Du wirst sie umgebracht haben, noch ehe das alles zu Ende ist – und wage es dann bloß nicht, zu ihrer Beerdigung zu kommen! Hörst du mich? Du bist eine kranke Sünderin, und ich schäme mich, daß du meine Schwester bist! Gott wird dich strafen! Du wirst dafür in die Hölle kommen!" Klick. Jedesmal, wenn ich den Hörer auflegte, rief meine Schwester sofort wieder an, um noch mehr Verwünschungen auszustoßen. Carolyn gab nie auf. Das Telefon klingelte wieder und wieder. Ich hob den Hörer erneut ab und hörte ihr wortlos zu. „Du wirst in die Hölle kommen! Der Teufel hat dich in seiner Gewalt. Wie schändlich, daß du dich von diesem wunderbaren Mann scheiden läßt. Schäme dich, daß du deiner Mutter und deinen armen Kindern das antust!" Mein Magen krampfte sich zusammen, das hatte er getan, so lange ich denken konnte. Ich hörte zu, bis Carolyn geendet hatte und den Hörer auf die Gabel knallte. Wenn ich sie auflegen ließ, würde sie heute vielleicht nicht noch einmal anrufen. Manchmal funktionierte das, manchmal aber auch nicht. Doch ich durfte mich nicht davon beirren lassen und mußte mich auf das Wesentliche konzentrieren. Es mußte mir gelingen, die Mütter aus meinem Viertel zusammenzubringen, damit wir einander helfen konnten, zu lernen. Die Gespräche mit Roslyn stellten eine große Hilfe für mich dar, aber ich mußte eine regelmäßig tagende Arbeitsgruppe in unserer Nachbarschaft ins Leben rufen, wie Dreikurs es mir empfohlen hatte.

Immer wenn wir unsere Familienversammlung hatten, stellte ich mir vor, nun würde in unserer Familie künftig vollkommene Harmonie herrschen, denn all die vorgebrachten Ideen klangen hervorragend und wirkten sehr sinnvoll, wenn wir sie diskutierten. Die letzte Versammlung am vorigen Sonntag war das beste Beispiel dafür. Nachdem wir über einen geplanten Ausflug am Sonntag gesprochen hatten, dem alle begeistert zugestimmt hatten, kamen die Aufgaben im Haus zur Sprache. „Anthony, willst du diese Woche den Abfall rausbringen?" fragte Maria, nachdem ich die Aufgaben aufgelistet hatte, die getan werden mußten. „Das habe ich letzte Woche gemacht." Anthony seufzte tief auf und schaute auf den Boden. „Wofür willst du dich verpflichten?" Maria wurde gereizt. Sie klang genau wie ich. Warum mag ich es nicht, wenn sie genauso klingt wie ich? Ich wünschte, ich könnte es herausfinden, dachte ich. „Ist gut, ich mach es noch mal." Anthony schien die ganze Sache abkürzen zu wollen. Die Versammlung ging weiter, und die Kinder verpflichteten sich wie immer für all die Dinge, die getätigt werden mußten. Für jede Aufgabe wurde eines oder zwei Kinder eingeteilt. Diese Einteilung der Dienste bereitete niemals große Mühe. Die wahren Probleme begannen später, in der Woche, wenn eines der Kinder sich darüber beschwerte, daß bestimmte Aufgaben nicht ausgeführt worden waren. „In Ordnung, wer will die Teller abspülen, und wer will sie abtrocknen und einräumen?" Maria hatte die Leitung übernommen. „Ich kann es ja mit dir zusammen tun, wenn du willst", antwortete John seiner Schwester. „Okay, ich und du, John. Wie steht's mit dem Putzen des Badezimmers? Wer will das tun?" Maria blieb Wortführerin. „Bist du damit nicht an der Reihe, Anthony?" fragte Joey. „Kümmere dich um deine Angelegenheiten, Joey, und unterlaß es gefälligst, mir zu diktieren, was ich zu tun habe, ja?" Anthony war sofort gereizt und sprach so laut, daß es sicher noch auf der anderen Seite der Straße hörbar war. „Na, jemand muß es dir ja sagen!" brüllte Joey ebenso laut zurück. „Sag' ich dir etwa, was du zu tun hast, Joey? Warum glaubst du immer, du wärest der Boß?" schrie Anthony und rückte näher an Joey heran. Joey packte blitzschnell Anthony bei seinem T-Shirt, als dieser sich wieder entfernen wollte. „Hör auf, Joey! Mami, Joey hat einen Riß in mein T-Shirt gemacht! Hörst du mich, Mami?" – „Ich habe dich gehört, Anthony. Wahrscheinlich hat das ganze Viertel dich gehört." Und schon hatte ich mich in den Streit hineinziehen lassen. „Warum könnt ihr nicht einfach eure Aufgaben erledigen? Ich verstehe nicht, weswegen ihr euch dauernd streiten müßt. Jeder hat gesagt, welche Aufgabe er übernehmen möchte. Warum muß das immer wieder passieren? Ich habe diese ganze Scheiße so satt!" Meine Wut war nun unüberhörbar. „Das habe ich ihnen oben auch erklärt, Mami – genau dasselbe", sagte Maria, meine selbsternannte „Stellvertreterin". Die Wendung, die die Diskussion nahm, gefiel mir nicht. Ich stürmte hinaus und lief die Treppe hinauf. Unten wurde die Diskussion heftiger. Ich wußte, ich hätte ins Badezimmer gehen sollen, aber ich konnte der Versuchung nicht widerstehen, die Dinge zu klären und sie zur Räson zu bringen. Also ging ich wieder hinunter. Wie Kugeln schossen meine Worte aus meinem Mund: „Kommt sofort in die Küche und bringt diesen gräßlichen Müll hinaus! Macht sie sauber und räumt sie auf! Wer soll die Teller abspülen? Wer soll den Tisch abwischen? Macht eure Aufgaben jetzt gleich!" Ich ging in die Diele, drehte mich aber wieder um und begann von neuem. „Ihr benehmt euch wie eine Horde Kleinkinder! Ich könnte kotzen, so satt habe ich all das! Nie ist diese Küche sauber! Krümel, Abfall, Marmelade, Honig – immer liegt etwas auf dem Küchentisch oder auf dem Boden." Schließlich ging ich hinauf. Als ich in mein Zimmer kam, konnte ich schon hören, wie sie anfingen zu putzen. Ich stellte das Radio an, suchte einen Sender mit ruhiger Musik und rief St. Mark an. Wenn Father Pat da war, konnte ich mich bei ihm ausweinen. Er war ein so guter Zuhörer. Aber er war nicht im Pfarrhaus.

Zwei Wochen waren vergangen, und ich dachte, wenn ich die Sache mit der Küche ein für allemal geregelt bekäme, würde ich mich großartig fühlen. Bei der Familienversammlung beschloß ich, detaillierte Anweisungen darüber zu geben, wie die einzelnen Aufgaben erledigt werden sollten. Ich erklärte, was ich unter „sauber" verstand, weil ich dachte, das gäbe den Kindern eine gewisse Orientierung: Alle Teller mußten vollkommen sauber sein. Der ganze Abfall mußte jeden Tag hinausgeschafft werden. Alles, was auf den Küchenschränken lag – mit Ausnahme des Toasters, der Tischtuchhalter und Pfeffer und Salz – mußte aufgeräumt werden. Der Boden mußte gewischt werden. Die Spüle mußte mit einem Reinigungsmittel geschrubbt werden. Die Küche wäre ein besonderer Raum und mußte deshalb gesondert behandelt werden, teilte ich ihnen mit. An dem Sonntag nach dieser Versammlung wurden alle Aufgaben pünktlich erledigt, aber am Montag sah es schon wieder ganz anders aus. Ich ging in die Küche, und meine Fußsohlen blieben am Boden kleben. Ich hob meine Schuhe und fand einen großen Klecks Erdnußbutter daran. „Tut mir leid, aber in einer dreckigen Küche kann ich nicht kochen", sagte ich und ging hinaus. Ich war so sauer, daß ich meinte, ich würde gleich platzen. Ich hoffte inständig, man würde es nicht sehen. Doch im nächsten Augenblick brach ein heftiger Streit aus. Ich stürzte zur Treppe – also hatten sie es gemerkt. Wie hatte ich mir nur einbilden können, sie hätten nicht gespürt, wie wütend ich war? „Ich habe euch ja gesagt, wir kriegen Probleme, wenn ihr eure Aufgaben nicht macht! Aber nein – ihr mußtet ja zuerst eure Comics lesen. Jetzt gibt's Ärger, und es ist eure Schuld!" – „Ach, halt den Mund, du Blödmann, oder ich kleb' dir eine!" antwortete Joey seinem Bruder ärgerlich. „Mami, Joey nennt mich Blödmann! Er gebraucht schon wieder Schimpfwörter." John rannte in die Diele, um mir nachzulaufen. Er duckte sich, als ein Baseballhandschuh in seiner Richtung durch die Luft flog. „Laß ihn in Ruhe, Joey!" brüllte John.

„Halt's Maul, du blöder Trottel!" schrie Maria. Sie stand vor Christopher, so wie eine Mutter ihr Junges schützt. Sie funkelte Joey wütend an, wollte aber offenbar nicht von fliegenden Gegenständen getroffen werden. „Du wirst Mamis Lampe kaputtmachen, du Idiot. Hör sofort auf!" – „Wer könnte mich dazu zwingen, Maria? Mit welcher Armee willst du das schaffen?" Joey liebte es, die Rolle des harten Burschen zu spielen. „Hört auf, Jungs, bevor sie wirklich sauer wird!" befahl Maria. Ich raste wie ein Blitz die Treppe hinunter. „Ach, haltet doch den Mund – ihr alle! Ihr macht mich ganz krank! Räumt euer Chaos auf, und wagt nur ja nicht, die Küche zu benutzen. Wenn ich heute abend sehe, wie einer von euch die Küche benutzt, stopf ich euch das Essenszeug eigenhändig in den Mund! Hört ihr mich? Das ist mein voller Ernst!" Tränen waren in meine Augen getreten, und Wut war in meiner Stimme. „Und sobald ihr fertig seid, halten wir eine weitere Versammlung ab. Nein – wenn ich's mir recht überlege, warten wir lieber bis zum Sonntag damit. Ich habe ohnehin jetzt gar keine Lust, mit euch zu sprechen. Ich will momentan keinen von euch sehen. Ihr macht mich alle ganz krank!" Ich lief wieder die Treppe hinauf, überzeugt davon, daß von all dem Hinauf- und Hinuntergerenne bald Dellen in den Stufen sein würden. Ich fühlte mich elend; das war immer so, nachdem ich die Kinder so angebrüllt hatte. So durfte es einfach nicht weitergehen. Ich warf mich auf mein Bett. Unten war wieder Ruhe eingekehrt. Ich wußte, sie würden meine Anweisungen befolgen und putzen. Meine Augenlider waren vom Weinen geschwollen. Ich stand auf und lief wieder hinunter, um meine Brieftasche zu holen. Ich ging eine Weile mit mir zu Rate, dann zog ich einen Zehn-Dollar-Schein heraus. „Hier sind zehn Dollars, Kinder. Wenn ihr wollt, könnt ihr damit bei McDonalds oder in einem anderen Fast-Food-Restaurant etwas essen." Ich ging in die Küche und vermied es, die Kinder anzublicken. Ich hatte Schuldgefühle, weil ich ihnen kein Abendbrot zubereitete. „Tun wir, Mami, danke", antwortete Maria erstaunt. Ungeschickt verstaute sie das Geld in ihrer Tasche. „Du meinst, wir können zu McDonald gehen und dort essen?" fragte John ungläubig. „Ja, sobald ihr die Küche fertiggeputzt habt, könnt ihr bei McDonald's zu Abend essen." Ich wußte, daß all das furchtbar blöd klang. Die einzige Konsequenz, unter der sie zu leiden hatten, weil sie die Küche nicht geputzt hatten, war – daß sie zu McDonald's gehen durften! „Danke, Mami." Sie lächelten verstohlen.

Danach kehrte ich in mein Zimmer zurück und schaute in den Spiegel. „Du bist bescheuert!" sagte ich zu meinem Spiegelbild. „Vollkommen bescheuert!" Als ich Roslyn später die Geschichte von der Küche und McDonald's erzählte, lachte sie aus vollem Halse. „Du bist wirklich eine gute Mutter, Mary", sagte sie neckend.

Mein wöchentlicher Anruf bei meinem Rechtsanwalt war kaum erfolgreicher. „Es tut mir leid, Mrs. Carlotti, aber wir konnten den Anwalt Ihres Mannes diese Woche nicht erreichen. Diese Dinge brauchen Zeit. Wir haben keine Handhabe, Ihnen mehr Geld für Ihre Kinder zukommen zu lassen." Ich kannte diesen Satz auswendig, da ich ihn nun schon seit mehreren Monaten regelmäßig hörte. Ich legte auf. Die nächste Versammlung am darauffolgenden Sonntag brachte nur noch mehr lange Gesichter. Ein Kind nach dem anderen kam schweigend ins Wohnzimmer. Ich saß auf der Couch und war bereits den Tränen nahe. „Worüber wollen wir zuerst reden?" Ich schaute auf den Teppich. Ich nahm mir fest vor, mich diesmal nicht wieder zu beklagen. „Worüber möchtest du sprechen, Mami?" fragte Joey und tat so, als wüßten wir es nicht alle. „Worüber wohl sonst, außer über die Küche?" Sie schauten sich gegenseitig an. Schweigen. Ich fuhr fort: „Ich weiß wirklich nicht mehr, was ich tun soll. Offenbar kann ich euch nicht dazu bringen, sie sauberzumachen. Ich versuche es, aber es klappt nicht. Ich brülle und schreie und verbiete euch, sie zu betreten – und dann gebe ich euch auch noch Geld, damit ihr zu McDonald's gehen könnt." Mit Mühe hielt ich meine Tränen zurück. „Aber, Mami, wir hatten nichts dagegen", sagte Anthony halb im Scherz. Alle lachten über seinen Kommentar – sogar ich. Ich wischte mir die Nase ab und sprach weiter. „Ich weiß gar nicht, warum wir diese Versammlungen überhaupt noch abhalten. Ich tue nichts anderes als mich zu beklagen, und ihr Kinder verpflichtet euch für Aufgaben, die ihr dann doch nicht macht. Ich habe das restlos satt. Ich bin mit meinem Latein am Ende. Und dieser ganze Scheidungsprozeß ist wirklich hart für mich. Das ist alles, was ich dazu sagen kann – es ist wirklich hart." Ich hatte eigentlich vorgehabt, noch viel mehr sagen, aber dann hielt ich mich zurück und machte einen Versuch, das Thema zu wechseln. „Was für vergnügliche Dinge wollen wir in dieser Woche zusammen unternehmen?" fragte ich. „Mami, diese Woche tun wir bestimmt unsere Aufgaben, das verspreche ich dir." Anthony schaute mich an. „Ja, das werden wir. Anthony hat recht, Mami. Die Dinge werden sich hier ändern, du wirst schon sehen", sagte Maria. Alle versicherten mir noch einmal, daß die Dinge sich ändern würden. „Mami, ich weiß, wir haben diese Woche unsere Aufgaben nicht sehr gut gemacht. Ich weiß, daß ich mich nicht besonders angestrengt habe." Anthony klang so aufrichtig – wer hätte ihm nicht geglaubt? „Du sagst, du hättest dich diese Woche nicht sehr angestrengt – aber du machst deine Aufgaben doch überhaupt nie. Normalerweise übernehme ich am Ende immer deine", sagte John herausfordernd zu seinem Bruder. „Ja, ich weiß, daß du sie in dieser Woche gemacht hast, John. Du bist ja sooo perfekt", antwortete Anthony und hoffte, seinen Bruder damit von seinem hohen Roß stoßen zu können. „Wollt ihr euch jetzt etwa streiten?" Ich brachte es einfach nicht fertig, meinen Mund zu halten. „Lieber Himmel, dürfen wir denn nie irgend etwas sagen? Wir streiten ja gar nicht", meinte John in überlegenem Tonfall. Manchmal waren unsere Versammlungen fürchterlich. Niemand nahm gern daran teil, und doch wollte sie keiner missen. Zudem hielten wir es so, daß jemandem, der nicht da war, einfach irgendeine Aufgabe zugeteilt wurde, die die anderen nicht erledigen wollten. Das Telefon klingelte und beendete vorzeitig unsere Versammlung. „Mary Cecile, hast du gestern, als deine Schwester dich anrief, einfach aufgelegt?" – „Hallo, Mutter."

„Ich habe dir eine Frage gestellt, hast du gestern, als deine Schwester dich anrief, einfach aufgelegt oder nicht?" – „Nun, ich ..."

„Was fällt dir ein, dich so gegenüber deinem eigenen Fleisch und Blut zu benehmen? Du bringst mich früher ins Grab, als du denkst. Ich habe nicht mehr lange zu leben, Mary Cecile. Und du weißt, daß es deiner Schwester nicht gut geht; aber sie hat recht mit dem, was sie über die Kirche sagt. Du solltest dich von einem guten Arzt untersuchen lassen und dann zur Beichte gehen und dich selbst wieder auf die rechte Bahn bringen. Der Teufel hat dich fest in seiner Gewalt. Ich weiß nicht, was geschehen muß, damit du wieder auf einen guten Weg kommst. Bist du noch immer entschlossen, dich scheiden zu lassen?" – „Ja, Mutter, ich ..."

„Dann mußt du dich zusammenreißen. Nimm deine Kinder, komm runter zu uns nach Perryville und lebe wie eine achtbare Mutter." Klick.

Roslyn und ich nahmen jetzt immer an den alle zwei Monate stattfindenden Demonstrationen im Gemeindezentrum teil. Sie erwiesen sich stets als interessant. Dies war der Ort, wo wir beide Dreikurs getroffen hatten – und nun auch Jane. Jane hatte bei Dreikurs studiert, und das spürte man. Sie war eine feste Beraterin geworden. Roslyn und ich hatten in ihr bald eine hervorragende und wundervolle Lehrerin. In dieser Zeit verpflichtete ich mich, noch einmal an einer Familiendemonstration teilzunehmen. Nachdem ich acht lange Wochen warten mußte, kam ich endlich an die Reihe. Ich brauchte wirklich Hilfe wegen dieses Küchenproblems. „Wir halten fast regelmäßig Familienversammlungen ab, aber es kommt mir so vor, als sei ich immer diejenige, die redet", begann ich. „Die Kinder versprechen jede Woche, daß sie ihre Aufgaben erfüllen werden. Zuweilen tun sie sie auch, oftmals aber auch nicht. Und wenn sie sie nicht tun, dann ist gewöhnlich die Küche davon betroffen. Die Küche ist immer ein kritischer Punkt gewesen. Immer beklage ich mich deswegen." – „Ob das Benehmen der Kinder sich ändern wird oder nicht, hängt davon ab, wie du damit umgehst. Was genau passiert denn in der Küche?" fragte Jane. „Ich werde wütend, wenn sie sie nicht richtig putzen", begann ich. „Letzte Woche bin ich ganz bewußt nicht in den Supermarkt gegangen. Ich habe keine Erdnußbutter mehr gekauft! Ich habe die Lebensmittel, die noch übrig waren, eingeschlossen und so getan, als wäre nichts mehr im Haus. Aber die Kinder wußten sehr wohl, daß ich in Wahrheit wütend war. Ich habe so getan, als hätten wir nichts zum Essen mehr da, aber ich bin sicher, sie wußten, daß es eine Bestrafung war." – „Wie hast du dich dabei gefühlt?" fragte Jane.

„Wütend! Ich dachte im stillen ‚Ich werde euch schon zeigen, wer hier der Boß ist', antwortete ich wahrheitsgemäß. „Letzten Monat, als sie gerade einmal dabei waren, zur Küche hinunterzugehen, hielt ich sie auf dem Weg an und sagte: ‚Tut mir leid, die Küche ist geschlossen. Sie ist zu schmutzig, als daß man darin essen könnte, und überdies habe ich gar nichts eingekauft.' Sie kehrten ohne zu murren um. Sie nahmen es einfach hin. Und dann, als ich über das, was ich zu ihnen gesagt hatte, nachgedacht hatte, fühlte ich mich so miserabel, daß ich ihnen – nachdem sie die Küche geputzt und aufgeräumt hatten – zehn Dollar gab und ihnen sagte, sie sollten zu McDonald's gehen. Macht das Sinn? Erst verbiete ich ihnen, die Küche zu benutzen, und dann gebe ich ihnen Geld, damit sie bei McDonals's essen können!" Ich mußte trotz meiner Verzweiflung lachen. Jane schaute mich freundlich an. „Ob das Sinn macht, ist hier nicht die Frage. Das Problem ist, daß du meinst, du könntest der Boß sein, anstatt daß du deine Kinder zur Kooperation erziehst", sagte Jane leise und beugte sich zu mir vor. „Aber wir beide wissen, daß du in einem Streit mit deinen Kindern nicht gewinnen kannst. Was sollst du tun?" Jane wartete darauf, daß ich antwortete. „Kannst du sie erziehen, wenn du wütend bist?" Die Zuschauer beugten sich vor in Erwartung meiner Antwort. Es war mucksmäuschenstill im Saal. Ich warf einen Blick auf

145

die Zuschauer, als könne mir jemand bei der Antwort helfen, dann schaute ich wieder Jane an. „Ich sollte mich nicht auf einen Streit einlassen und mein ‚Ende des Seils‘ fallenlassen, nehme ich an. Und nicht wütend werden." Es klang, als hätte ich diese Erziehungsmethode mein ganzes Leben lang praktiziert und würde nun anderen sagen, wie sie sie anzuwenden hätten. Ich kannte die Antworten, aber etwas wissen und etwas tun waren zwei verschiedene Dinge. „Ja, nicht wütend werden, aber was sonst noch? Was kannst du sonst noch tun?" So leicht kam ich bei Jane nicht davon. „Ich sollte mich strikt um meine eigenen Angelegenheiten kümmern. Wenn eines der Kinder mich fragt, ob es bald Abendessen gibt, müßte ich sagen ‚In einer schmutzigen Küche kann ich nicht kochen‘ und es dabei belassen. Ich kann sogar ausgehen und mit einer Freundin zu Abend essen, wenn ich will, aber ich darf nicht im Zorn handeln." Ich machte eine Pause. „Nun – jetzt sage ich sicherlich das Richtige, aber im Augenblick des Geschehens bin ich immer so wütend." – „Und warum glaubst du, daß du so wütend bist?" Jane lächelte. „Wahrscheinlich, weil ich der Boß sein will." Ich lachte aus Verlegenheit. „Oder?" Jane wandte sich an die Zuschauer. „Ist jemand unter euch, der dasselbe getan hat, was uns Mary da eben von sich erzählt hat? Hat jemand von euch dieselben Fehler mit seinen Kindern gemacht? Wenn ja, dann hebt bitte die Hand." Jane schaute erwartungsvoll in den Zuschauerraum. Die meisten Anwesenden hoben die Hand, und viele lächelten. „Du siehst, alle hier verstehen sehr gut, was du tust, da sie selbst so gehandelt haben. Jeder hier versteht, wie du dich fühlst. Habe ich recht?" Jane wandte sich wieder an die Zuschauer. „Ja", ertönte es laut herauf.

Daraufhin drehte Jane sich um, so daß sie mir geradewegs in die Augen schauen konnte. „Kannst du bei Kindern der Boß sein?" fragte sie. „Ist das heutzutage noch möglich?" – „Nein, das kann ich nicht. Kein Elternteil kann das mehr sein, aber ich habe selbst den Eindruck, daß ich es dennoch weiterhin zu sein versuche." Ich spürte, daß mir ein Kloß im Halse saß; ich biß mir auf die Lippen und hielt meine Tränen zurück. „Wenn du deinen Kindern beibringen willst, wie sie die Küche richtig benutzen und hinterher wieder saubermachen, dann mußt du in der richtigen Verfassung dafür sein. Du mußt damit rechnen, daß die Küche solange in Unordnung sein wird, wie dieser Lernprozeß eben dauert. Wenn du bereit bist, erst einmal das Chaos zuzulassen, ohne dich aufzuregen, dann beginnt die Erziehung. Deine innere Haltung ist dabei am meisten ausschlaggebend. Aber ich glaube, das weißt du schon." – „Ja, das weiß ich." Es erleichterte mich sehr, daß ich das laut vor Menschen sagen konnte, die mich verstanden. Menschen, die genau dieselben Fehler machten wie ich. „Da bin ich mir sicher. Aber was du da lernst, ist eben sehr schwer. Ich glaube, sobald du dich auf diesen einen Bereich konzentrierst, wirst du mit deinen Kindern in bezug auf die Küche genausoviel Erfolg haben, wie du es in bezug auf das Streiten hattest. Warst du nicht schon kurz davor, den Verstand zu verlieren von all dem Gezänk? Hast du das nicht Dr. Dreikurs an dem Abend erzählt, an dem er mit dir arbeitete?" – „Doch." Ich lächelte bei dem Gedanken an diesen wundervollen Abend. „Du hast deine Kinder schon in einigen anderen wichtigen Bereichen für dich gewonnen. Sie streiten sich doch nicht mehr, oder?" Janes Stimme drückte Achtung aus. „Nur noch sehr selten." Ich schüttelte verwundert den Kopf bei der Erinnerung, wie die Kinder mich früher jeden Morgen mit ihren gräßlichen Streitereien geweckt hatten. Es war erstaunlich, wie sehr das Verhalten der Kinder sich geändert hatte, weil ich selbst mein Verhalten geändert hatte. „Und wenn sie jetzt streiten, dann weißt du, was du zu tun hast, nicht wahr?" Jane wollte mein Selbstvertrauen stärken. „Ja."

„Und es hat nicht lange gedauert, um deine Kinder in bezug auf das Streiten zu erziehen. Freu' dich also über deine Erfolge, und hör' auf, so hart mit dir selbst zu sein. Wenn du bereit bist, nicht länger den Boß herauszukehren und nicht mehr im Zorn zu agieren, wirst du auch die Sache mit der Küche in den Griff kriegen." – „Ich weiß; ich fühle mich imstande, wieder neu zu beginnen." Ich fühlte mich erleichtert und voller Hoffnung. „Da bin ich mir sicher." Jane lächelte mich ermutigend an. „Und komm' auch weiterhin ins Beratungszentrum. Das Zuhören bei den Gesprächen anderer Eltern kann für dich ebenso hilfreich sein wie das Gespräch, das wir beide hier gerade führen." Jane stand auf und nahm meine Hand in ihre.

„Ja, als ich vor zwei Wochen einer Mutter zuhörte, die hier auf dem Podium saß, hätte ich schwören können, ich säße dort. Sie hatte genau dieselben Probleme wie ich." – „Genau. Es ist wichtig, daß dir das klar ist."

Ich fühlte mich erleichtert und inspiriert. Die Tatsache, daß ich in der Lage war, ohne Hemmungen mit jemandem über alles zu sprechen, löste ein gutes Gefühl in mir aus. Ich sprach mit den Kindern über das Küchenproblem, und gemeinsam beschlossen wir, an unseren Konflikten zu arbeiten. In der darauffolgenden Woche lief alles bestens.

Achtes Kapitel

Die Arbeitsgruppe

Ich ging zu allen Müttern in meiner Nachbarschaft und erzählte jeder einzelnen von Dreikurs' Buch und von einigen Dingen, die ich gelernt hatte. Ich lud sie ein, einmal in der Woche in mein Haus zu kommen, damit wir uns austauschen konnten, so wie Dreikurs es mir empfohlen hatte. An dem ersten Abend kamen sechs Mütter. Ich saß noch immer im Wohnzimmer, ganz aufgeregt darüber, daß sie sich für das, was ich zu sagen hatte, interessierten und mehr darüber hören wollten. Wir hatten ausgemacht, uns auch in der nächsten Woche zu treffen; in der Zwischenzeit würden sie sich Dreikurs' Buch kaufen. Ich war so in Gedanken versunken, daß ich erst bemerkte, daß Joey neben mir stand, als er zu sprechen begann. „Gehen sie auch ins Badezimmer, wenn ihre Kinder sich streiten?" fragte er und schob die Brille auf seiner Nase hoch. „Vielleicht", antwortete ich, innerlich schmunzelnd. Daddy hatte immer gesagt: „Diese Carlotti-Kinder lassen sich keine Chance entgehen." Er hatte recht gehabt. „Ich wette, daß sie ihren Kindern das nicht antun. Ich wette, Edith geht nicht ins Badezimmer." Das war John, der von der Diele aus herüberrief. „Wir dürfen nie die Dinge tun, die andere Kinder in ihrem Haus tun. Immer müssen wir so blödsinniges Zeug machen." Ich wußte nicht, daß John oder ein anderes meiner Kinder gehört hatte, was bei unserem Treffen gesprochen wurde. Ich beschloß, auf das, was wie eine Herausforderung klang, nicht zu antworten. Danach kehrte wieder Ruhe ein.

Einige Mütter begannen, auch außerhalb der Treffen bei mir vorbeizuschauen. Sie wollten unablässig Rat und Hilfe. Manchmal hatte ich das Gefühl, sie hielten mich für eine

Expertin, obwohl ich in Wirklichkeit doch im gleichen Boot saß wie sie. Edith, eine Mutter von zwei Kindern, die genauso alt waren wie zwei meiner Kinder, klingelte jeden Tag – außer am Wochenende – an meiner Haustür und befand sich stets am Rande einer Nervenkrise. Es lief immer gleich ab: Sie stürzte herein, ein Päckchen Zigaretten in der Hand und eine brennende Zigarette im Mund. Die Asche fiel immer zuerst auf ihre Brust, ehe sie auf den Boden kleckerte. Nicht daß sie einen großen Busen gehabt hätte, nur hing die Zigarette eben in einem bestimmten Winkel an einer feuchtnassen Stelle ihrer Unterlippe. „Ich brauche einfach deine Hilfe", sagte sie, während sie sich theatralisch auf einen Küchenstuhl warf und ihre Arme schlaff an den Seiten herunterbaumeln ließ, als habe sie keine Gewalt über sie. „Ich weiß einfach nicht, was ich jetzt tun soll." Sie zog gierig an ihrer Zigarette. „Ich mach' uns einen Kaffee." Ich machte eine freundliche Miene, obwohl ich im Grunde nicht gerade begeistert über ihren Besuch war. „Diese ewigen Streitereien der Kinder", stöhnte sie und nahm wieder einen tiefen Zug. Es sah so aus, als würde sich die ganze Zigarette in einem Zug in Asche verwandeln. „Ich halte das nicht mehr aus. Ehrlich, Mary. Ich werde langsam zu alt für so was." Sie lachte, als sie auf ihr Alter anspielte. Ich antwortete nicht auf diese Bemerkung, da wir beide irgendwie wußten, daß sie – wenn nötig – immer so weitermachen könnte und würde. Mein Eindruck war, daß sie sich lieber beklagte, als etwas Neues dazuzulernen. Sie brauchte jemanden, bei dem sie ihren Frust loswerden konnte, ich hingegen brauchte jemanden, mit dem ich über diese neuen Ideen diskutieren konnte; jemanden, der älter war als ich. Einmal in der Woche mit der Arbeitsgruppe zu diskutieren, genügte mir nicht. Dann fing Edith an, mir zu erklären, daß ich vieles anders machen könne, weil ich keinen Ehemann hätte. Ich spürte, daß Wut in mir hochstieg. Wir erörterten, ob das Leben leichter oder schwieriger mit einem Ehemann wäre. Keine von uns konnte die jeweils andere dazu bringen, ihre Meinung zu ändern. Ich schenkte noch einmal

Kaffee nach. „Wir müssen aufhören zu rauchen", sagten wir wie aus einem Mund. Der ständig überquellende Aschenbecher, den ich an diesem Morgen schon viermal gesäubert hatte, stieg mir unangenehm in die Nase und verpestete die Luft um mich herum. Ich haßte die Angewohnheit. „Wenn wir unsere Kinder trainieren wollen, dürfen wir uns nicht darum kümmern, was die anderen über uns denken. Auch nicht, was die Ehemänner denken." Mir wurde bewußt, daß ich den anderen Müttern genau das sagte, was ich selbst am meisten lernen mußte. Es war neu für mich, jemandem ganz präzise zu erläutern, was ich dachte, anstatt es für mich zu behalten. „Ich glaube trotzdem, es wäre leichter für mich ohne einen Ehemann", sagte Edith noch einmal. Ich lehnte es ab, ein zweites Mal darauf einzugehen. „Heute abend kommen alle zu unserem Treffen. Ich hoffe, du kommst auch." Ich lehnte mich in meinem Stuhl zurück und dehnte meine Glieder. „Ja, wenn William einverstanden ist", antwortete Edith; ein wenig Kaffee spritzte dabei aus ihrem Mund. „Muß los", sagte sie, knallte ihre Tasse auf den Tisch und stürzte zur Eingangstür. „Danke für den Kaffee und den guten Ratschlag." – „Ich gebe doch gar keine Ratschläge." Ich ging hinter Edith zur Tür. Edith wußte, was ich damit meinte. Sie winkte mir zum Abschied zu, als sie eilig über den Garten lief und nur einmal stehenblieb, um ihre Zigaretten aufzuheben, die aus ihrer engen Tasche gefallen waren. Enge Taschen – enger Geist, dachte ich, während ich die Tür schloß. Dann ermahnte ich mich selbst, andere Leute nicht zu verurteilen, wie meine Mutter es immer tat.

Unser Wohnzimmer sah zehn Minuten, nachdem alle Mütter angekommen waren, wie ein dampfendes Schwimmbad aus, aber ich genoß jede Minute des Treffens. Ich genoß es, daß Menschen in unser Haus kamen, ganz gleich aus welchem Grund; denn das war in meiner Kindheit nie geschehen. Meine Eltern empfingen niemals Gäste. Jede Mutter holte sich aus der Küche Kaffee oder Tee oder einen weiteren sauberen Aschenbecher. Der fast zwei Meter lange Couchtisch sah, mit all der Asche, die schon nach wenigen Minuten darauf verstreut herumlag, bald wie ein Schlachtfeld aus. Überall lagen Exemplare von Dreikurs' Buch „Kinder fordern uns heraus". Immer war es Edith, die das Gespräch mit einer ziemlich dramatischen einleitenden Feststellung begann, und auch heute war es wieder so. „Also jetzt kann ich wirklich nicht mehr." Der Zigarettenrauch wand sich langsam um ihren Kopf, während sie sprach, und alle lehnten sich in ihren Stühlen zurück, da sie wußten, daß die Sprecherin nicht so schnell zum Ende kommen würde. Die Diskussion war endlos, und ganz gleich, welchen Vorschlag oder welche Idee jemand einbrachte – Edith hatte stets einen Einwand. „O nein, William würde mich umbringen, wenn ich das täte", war einer ihrer Lieblingssätze. Als ich in die Gesichter der anderen Frauen blickte und sah, wie sie entnervt die Augen verdrehten, wußte ich, daß es Zeit war, mich einzumischen. „Sind diese Kinder etwa retroaktiv?" platzte ich heraus. Lachen erfüllte das Zimmer und hob die Stimmung. Ich war erleichtert. „Wenn nicht, dann sollten wir lieber arbeiten, anstatt so viel zu meckern." Ich konnte gar nicht glauben, daß diese Worte aus meinem Mund gekommen waren, und starrte eine Minute lang auf den Boden. Aber im selben Augenblick erklärten auch alle anderen, sie wollten nicht, daß dieses Treffen in eine „Meckersession" ausarte. Wir beschlossen, bis zur nächsten Woche bestimmte Kapitel zu lesen. Wir lasen das Buch nicht in einem Zug durch, sondern wählten statt dessen jede Woche einen anderen Teil aus. Das war etwas, was ich mir im Zentrum abgeschaut hatte. Dreikurs' Buch konnte nützlich sein – ganz gleich, in welcher Reihenfolge man es durcharbeiten wollte. Ich hatte keine Ahnung, wie ich diese Mütter bei der Stange halten würde, aber ich wußte, daß ich jede Woche etwas dazulernte. Die Unterstützung der anderen war von unschätzbarem Wert. Mein Wissen, daß jede Frau dieselben Schwierigkeiten und Probleme mit ihren Kindern hatte, verband mich sehr fest mit ihnen. „Haben deine Kinder wirklich aufgehört, sich zu streiten, Mary?" Aus Ediths Worten war Zweifel herauszuhören, und ich konnte Edith nur ansehen. „Ja, sie haben wirklich damit aufgehört. Warum sollte ich dir nicht die Wahrheit sagen? Glaubst du, ich könnte über so etwas Lügen erzählen? Du kommst doch fast jeden Tag hier vorbei!" Es war mir gleichgültig, ob meine Stimme gereizt klang. Ich legte mein Buch zur Seite und stand auf. „Ich weiß. Ich will ja nur, daß auch meine Kinder damit aufhören", gestand Edith seufzend in ihrem Tut-mir-leid-Ton. Niemand schenkte ihr Beachtung, und das Treffen ging ruhig zu Ende.

Später an diesem Abend klingelte es an der Tür. Als ich öffnete, standen im Schein des elektrischen Lichts Father Pat und Joe vor mir. Ich hatte keinen von beiden erwartet. Joe funkelte mich wütend an. Er packte den Türgriff, riß die Tür auf und stürmte an mir vorbei ins Wohnzimmer. Ich hatte keine Ahnung, was er wollte. Er rannte zu unserem Bücherschrank und suchte fieberhaft nach irgend etwas. Bücher fielen mit lauten Krach zu Boden. Schließlich stürzte er wieder an mir vorbei und rief mir, schon auf der Türschwelle, zu: „Glaubst du, ich weiß nicht, was sich hier abspielt?" Ich starrte ihn verständnislos an, bis ich begriff, daß er annahm, Father Pat und ich hätten ein Verhältnis. Es war vollkommen unsinnig, irgend etwas darauf zu erwidern. Ein paar Tage später erfuhr ich von Frank Wulf, dem Mann, bei dem er derzeit wohnte, daß Joe ein Gewehr in diesem Bücherschrank aufbewahrt hatte. Angeblich kam Frank in dem Augenblick ins Zimmer, als Joe mit diesem Gewehr auf seinen eigenen Kopf zielte. Er sagte, er sei „gerade noch rechtzeitig" gekommen. Ich glaubte die ganze Sache nicht so recht. Joe konnte zuweilen ein wenig theatralisch sein. Father Pat kam an vielen Nachmittagen bei uns vorbei und verbrachte Zeit mit mir und den Kindern. Für mich war er ein guter Freund. Ich wußte, daß dies eine Menge Klatsch in der Kirchengemeinde verursachte, entschied aber, daß dies nichts an meiner Freundschaft zu ihm ändern dürfe. Er hörte mir immer zu und unterstützte mich in meinen Entscheidungen. Ich wußte, daß er meine Kinder gerne hatte und sie für etwas ganz Besonderes hielt. Er war der einzige Mensch, auf den ich mich verlassen konnte. Auch ich hörte ihm zu, wenn er darüber sprach, wie unglücklich er mit seinem Leben und seiner Kirche war. Er sagte, er erzähle mir da Dinge, die er noch nie zuvor jemandem anvertraut habe. Ich verurteilte ihn nie und konnte ihn zum Lachen bringen, etwas, was in seinem Leben nicht oft vorzukommen schien. Offenkundig hatten wir das Talent, uns gegenseitig zu helfen. Eines Tages sagte er zu mir: „Ich wünschte, du wärst nicht verheiratet und ich wäre nicht Priester." Ich hätte ihm gerne gesagt, daß ich dasselbe wünschte, konnte aber nur an die Worte meines Vaters denken: „Wünsch' in die eine Hand, mein Schatz, und spuck' in die andere – und dann schau mal, welche zuerst voll wird." Und bei dieser Vorstellung mußte ich lachen!

An manchen Tagen spielten die Kinder stundenlang, und keine einzige Klage kam mir zu Ohren. Diese „guten Tage" waren so gut, daß es unmöglich schien, daß es Tage gab, an denen sie mir entsetzlich auf die Nerven gingen. Dieser Tag war einer der guten gewesen. Es war Sommer, und ich wünschte, die Kinder würden draußen spielen, aber sie waren im Keller, wohl ganz in ein Spiel vertieft, und ich wollte sie nicht dabei stören. Das tat ich in solchen Fällen nie. Es war dann so friedlich. Oftmals saß ich ohne ihr Wissen auf der obersten Treppenstufe und hörte ihnen zu, wie sie spielten und lachten. Doch heute hatte ich das instinktive Gefühl, daß sie ein wenig zu ruhig waren. Ich horchte von der Küche aus. Ja, sie waren zu lange zu ruhig gewesen. Ich sollte einmal nachsehen. Ich ging zur Kellertür und blieb auf der Treppe stehen. Obwohl ich anstrengt lauschte, konnte ich die gedämpften Worte nicht verstehen. Dann kam ein lautes „Schschsch!", und dann hörte ich ein stampfendes Geräusch. Das Stampfen von kleinen Füßen. Irgend etwas ging da vor sich. Ich rannte die Treppenstufen hinunter; jetzt waren die Stimmen deutlicher zu vernehmen. „Du blöder Idiot! Siehst du, was du gemacht hast?" Furcht war in Anthonys Stimme. „Jemand sollte es besser Mami sagen." John klang sehr ängstlich. „Jungs, diesmal werdet ihr Ärger kriegen." Auch in Marias Stimme lag Panik. „Ach sei still und tret' lieber weiter darauf herum." Joey versuchte, forsch zu klingen, aber seine Stimme zitterte. „Mami kommt", flüsterte John laut.

Mein Herz schlug heftig, und ich als ich unten ankam, rief ich entsetzt: „Was ist denn hier los?" Überall war Rauch, aber das Feuer war schon ausgemacht worden.

Kleine blasse Gesichter schauten mich von allen Seiten an. Ich begann, hysterisch loszuschreien: „Was zum Teufel treibt ihr denn da? Wollt ihr uns alle verbrennen?" Augenscheinlich war dies der Fall. „Wollt ihr, daß das ganze Haus abbrennt und daß wir alle umkommen?" Meine Worte waren wie Kugeln aus einem Maschinengewehr. Joey schaute zu mir hoch, Tränen kamen unter seinen dicken Brillengläsern hervor und liefen ihm die Wangen hinunter. Sein Augenpflaster war schmutzig und feucht. So ein hübsches Kind, dachte ich. Doch gleichzeitig hatte ich den Wunsch, ihn zu verprügeln. „Antwortet mir!" brüllte ich. „Was ist hier los? Na, wird's bald?" – „Es war nicht unsere Schuld!" riefen sie alle auf einmal. Sie fingen an, sich gegenseitig zu verpetzen, gaben dabei Joey die meiste Schuld und versuchten, ihre Unschuld zu beweisen. Es war ihnen gelungen, das Feuer auszutreten; aber Feuer war nichts, womit sie herumzuspielen durften, und das wußten sie. „Jeden Tag lesen wir Geschichten über Kinder, die mit Streichhölzern spielen und sich dabei verbrennen. Das ist doch Wahnsinn! Wir hätten alle Schaden nehmen können! Wie kann man solche Dummheiten machen!" Ich konnte meine Worte, meine Tränen, meine Wut nicht zügeln. Die Kinder standen schweigend da und rührten sich nicht. Ich wußte, daß ich jemanden anrufen sollte, der mir beistand, aber statt dessen beugte ich mich hinunter, sammelte die Spielsachen vom Boden auf und warf sie in die Kiste. „O mein Gott, o mein Gott, was habe ich nur falsch gemacht?" schrie ich immer wieder. Sie standen da wie Statuen. Dann beruhigte ich mich, drehte mich um, rannte die Treppe hinauf zum Telefon und rief das Beratungszentrum an. Das Herz schlug mir bis zum Halse. Ich mußte so stark aufstoßen, daß ich glaubte, mein halber Magen käme heraus, und mein ganzer Körper zitterte. Es dauerte endlos lang, bis ich die Nummer gewählt hatte, und noch länger, bis jemand abhob. O bitte, betete ich, laß jemanden da sein! Bitte! Ich erkannte Mrs. Greenbergs Stimme, und auch sie wußte gleich, wer ich war. Ich überging die gewöhnlichen

Begrüßungsfloskeln und schilderte sofort, was sich im Keller zugetragen hatte. Ich muß ziemlich hysterisch geklungen haben. Mrs. Greenberg unterbrach mich und fragte, ob jemand verletzt sei. Diese Frage verblüffte mich. „Nein, verletzt wurde niemand", antwortete ich und kam langsam wieder zu Atem. „Sie müssen Ihre Kinder über die Gefahren von Streichhölzern aufklären und ihnen sagen, wie man sie richtig verwendet. Haben Sie ihnen jemals gezeigt, wie man ein Streichholz anzündet, ohne daß etwas passieren kann?" – „Nein, das habe ich nicht", antwortete ich. „Der Gedanke ist mir noch nie gekommen." Sie gab mir ganz genaue Anweisungen, wie ich den Kindern diesen Vorgang zu erläutern habe. „Aber Sie müssen es unbedingt erst dann tun, wenn Sie in der richtigen Stimmung dafür sind und keine Wut auf die Kinder haben. Das ist die wichtigste Regel: Keine Wut, keine ‚Ich-zeig-euch-wer-hier-der-Boß-ist-Haltung', verstehen Sie?" fragte Mrs. Greenberg. „Ja", antwortete ich.

„Und denken Sie daran – es ist gleichgültig, welches Kind die Streichhölzer angezündet hat. Sie müssen sie alle ‚ins gleiche Boot' tun, wie Dreikurs sagen würde. Sie müssen als Gruppe betrachtet werden, und das bedeutet, daß Sie sie nicht in ‚gute Kinder' und ‚schlechte Kinder' einteilen dürfen. Wenn Sie Ihre Kinder erziehen, dürfen Sie nie vergessen, daß Sie die bestehende Konkurrenz zwischen ihnen und ihren negativen Auswirkungen auf die Kinder überwinden sollten. Kommt Ihnen das plausibel vor?" Sie machte eine Pause, und in meinem Kopf überschlugen sich die Gedanken. „Ich glaube schon. Es ist das, was Dreikurs in seinem Buch schrieb – daß wir sie als Gruppe behandeln sollen, denn dann werden sie lernen, sich umeinander zu kümmern, anstatt zu versuchen, den ‚Bösen' in Schwierigkeiten zu bringen und sich selbst als ‚gute' Kinder darzustellen. – Wenn es mir nur gelingen würde", fügte ich zweifelnd hinzu. „Sie können es schaffen, sobald Sie sich entschlossen haben, Ihren Kindern den richtigen Umgang mit Streichhölzern beizubringen. Erinnern Sie sich daran, wie

Sie anfingen, ‚Ihr Badezimmer auf die richtige Weise zu nutzen'? Das war dasselbe Konzept. Niemand wurde als Anstifter eines Streites gebrandmarkt. Alle mußten dieselben Konsequenzen tragen. Und jetzt ist die Frage nicht, ob Sie es tun können, sondern vielmehr, wann Sie sich entschließen, es zu tun. Verstehen Sie mich?" – „Ja."

„Gibt es noch etwas, womit ich Ihnen helfen kann?" fragte Mrs. Greenberg. „Nicht, im Moment nicht, außer vielleicht ..." Ich zögerte. „Könnte ich es Ihnen noch einmal in meinem eigenen Worten sagen, damit ich sicher sein kann, daß ich verstanden habe, was Sie mir erklärt haben?" – „Natürlich", sagte Mrs. Greenberg geschmeichelt.

„Also gut, ich nehme eine große Schachtel voller Streichhölzer, bitte die Kinder, sich um den Küchentisch herum zu setzen und lasse sie immer wieder Streichhölzer anzünden, bis ich sicher bin, daß sie es können. Ich zeige ihnen, daß sie die Schachtel schließen müssen, ehe Sie das Streichholz daran reiben. Ich muß im selben Zimmer bleiben – oder zumindest ganz in der Nähe –, während sie das üben; wahrscheinlich wird es eine ganzen Weile dauern. Ich lasse sie solange Streichhölzer anzünden, bis die ganze Schachtel leer ist, auch wenn sie langsam genug haben und sagen, daß sie aufhören wollen. Das kann nur geschehen, wenn ich ihnen gegenüber eine freundliche Haltung einnehme. Das darf keine Bestrafung sein, sondern muß eine Unterweisung darstellen." Ich sprach jeden Satz langsam und deutlich, als würde ich mir das Ganze gut einprägen müssen. „Ja, Sie haben es verstanden. Nun müssen Sie es noch ausführen", sagte Mrs. Greenberg mit fester Stimme. „Und hören Sie auf, in Krisenzeiten so hysterisch zu werden. Damit bringen Sie Ihre Kinder nur dazu, sich bei Krisen ebenfalls hysterisch aufzuführen. Verstehen Sie?" – „Ja, ich verstehe es jetzt, haben Sie vielen Dank." Ruhig legte ich den Hörer auf die Gabel. Natürlich kam mir das jetzt plausibel vor, wo ich Abstand zu dem Vorfall gewonnen und mich beruhigt hatte. Ich stand auf, ging zur Treppe und rief den Kindern zu, sie sollten sofort in die Küche kommen. Ich spürte, wie sie mich vom Nebenzimmer aus beobachteten. Sie hatten Angst, zu nah an mich heranzugehen, wollten aber offenkundig hören, was ich ihnen zu sagen wünschte. Ich hatte geglaubt, ich hätte mich vollkommen beruhigt, doch aus meiner Stimme waren noch immer Zorn und Abscheu herauszuhören. Das machte mich wieder richtig wütend. Für wen halten sie sich eigentlich, murmelte ich vor mich hin. Ich hatte Lust, ihnen eine ordentliche Tracht Prügel zu verabreichen. Eines der Kinder fragte: „Sprichst du mit uns, Mami?" – „Nein, ich sprach mit mir selbst", knurrte ich. „Ich mache einen Spaziergang. Macht unterdessen die Küche sauber." Meine Magen verkrampfte sich, als ich zum dritten Mal um den Wohnblock herumging. War es das dritte oder das hundertste Mal? Ich hatte keine Ahnung. Ich ging zum Drugstore, kaufte dort ein paar Schachteln Streichhölzer und ging dann an den See hinunter, womit ich mir das Beste für den Schluß aufgespart hatte. Der See, der Ort, dem ich meine geistige Gesundheit zu verdanken hatte, seit ich in diese Stadt gekommen war. Wasser, Sand, Strände, Bäume, Sonnenaufgänge, Sonnenuntergänge. Wellen, die wunderbare Geräusche machten. Ich liebte ihn mehr als ich mit Worten sagen konnte. Eine Stunde später war ich wieder zurück und fühlte mich ganz ruhig. Der See hatte mich wieder einmal entspannt. Der Michigan-See war mein Beruhigungsmittel. Ich betrat das Haus durch die Hintertür der Küche, ging ins Fernsehzimmer und begrüßte die Kinder. „Danke, daß ihr die Küche saubergemacht habt, Kinder", sagte ich, während ich meinen Mantel an den Haken hängte. „Nun, die anderen haben nicht dabei geholfen. Ich und John haben alles getan." Maria stand auf der Türschwelle und schaute mich fordernd an. Ihre Brillengläser waren ebenso dick wie die von Joey, und ihre Wimpern waren so lang, daß sie beinahe darunter hervorkamen. Ihr langes, dickes Haar wurde an beiden Seiten ihres Gesichts mit einer großen Haarspange nach oben gehalten. Ein Spange, die groß genug war, um all ihr Haar zurückzuhalten, war nur selten zu finden. John stand wie ein kleiner

Soldat neben seiner Schwester. Die beiden wollten unbedingt, daß ich wußte, wem die Anerkennung für die Säuberung der Küche gebührte. „Danke, daß ihr die Küche saubergemacht habt, Kinder", wiederholte ich fröhlich. „Ist das alles, was du dazu sagst?" fragte Maria ärgerlich. „Was soll ich denn sonst sagen?" fragte ich unschuldig. Sie gaben keine Antwort und stapften statt dessen geräuschvoll aus der Küche. „Es ist genauso, wie wenn sie ihre Zettel an den Kühlschrank heftet, auf denen steht, daß sie Geld aus ihrer Brieftasche vermißt. Wir werden für alles verantwortlich gemacht, auch wenn wir es gar nicht getan haben." Maria sprach laut im Nebenzimmer. Es war an meine Adresse gerichtet; sie wollte, daß ich jedes Wort mitbekam. „Das ist nicht fair, es ist nicht fair – und das weiß sie." Auch John sprach laut. Ich wollte den beiden zu einem anderen Zeitpunkt meinen Dank bekunden, aber im Augenblick war es besonders wichtig, den Kindern als Gruppe zu danken. Ich mußte sie auch bei der Sache mit den Streichhölzern „alle ins gleiche Boot tun", auch wenn ich glaubte, genau zu wissen, wer die Schuldigen waren. Ich goß mir ein Glas Coke ein und setzte mich an den Küchentisch. Dann rief ich die Kinder in die Küche. Sie kamen sofort, in ihren Gesichtern spiegelten sich Besorgnis und Angst. Sie fragten sich wohl bang, was ich nun mit ihnen vorhätte. Ich schaute sie an und sagte langsam: „Ich will mit euch über etwas wirklich Wichtiges reden. Ich muß sicher sein, daß ihr wißt, wie man Streichhölzer richtig anzündet. Denn dann fühle ich mich nicht mehr so unwohl bei dem Gedanken, daß ihr vielleicht doch einmal damit spielt. Auf meinem Spaziergang bin ich beim Drugstore vorbeigekommen und habe einige Schachteln Streichhölzer gekauft. Bitte setzt euch hier an den Tisch, damit ich euch zeigen kann, wie man Streichhölzer richtig anzündet." Meine Stimme war ruhig und ich fühlte mich selbstsicher. Meine Ankündigung wurde mit großer Überraschung und Erleichterung aufgenommen. In allen Gesichtern stand zu lesen: Ist das die Bestrafung? Oder ist da eine Falle? Unsere Freunde würden uns das nicht glauben. Jetzt ist sie wieder völlig durchgeknallt. Ich leerte den Inhalt er Drugstore-Tüte in eine große Rührschüssel. Es waren etwa hundert Streichholzschachteln. „So müßt ihr es machen, sobald ihr ein Hölzchen herausgenommen und die Schachtel wieder zugeschoben habt." Ich machte es vor und forderte sie dann auf, es selbst zu versuchen. Aufgeregt und begeistert taten sie es. Ich stand auf, gab Anthony meinen Stuhl und machte mir an der Spüle zu schaffen, womit ich zwar in der Nähe, aber unbeteiligt blieb. Sie unterhielten sich und zündeten unablässig Streichhölzer an. Zwanzig Minuten vergingen, und sie waren davon überzeugt, daß sie ihre Lektion gelernt hatten. Die anfängliche Begeisterung war nun vorüber, und es war ruhig am Tisch geworden. „Dürfen wir jetzt aufhören und hinausgehen, Mami?" fragte Joey. „Ja, Mami, jetzt können wir es richtig gut. Dürfen wir aufhören?" Diesmal war John mit Joey einer Meinung. Auch Maria und Anthony baten darum. Christopher saß wortlos da. Er konnte noch keine Streichhölzer anzünden, aber er hatte auch durch das Zusehen etwas gelernt. „O nein, noch nicht", sagte ich freundlich. „Ihr habt ja noch so viele Streichhölzer abzubrennnen." Ich schaute sie liebevoll an. „Wie lange denn noch?" fragte Joey.

„Nun, ich weiß nicht, wie lange ihr dazu braucht, aber ihr müßt alle Streichhölzer hier in der Schüssel abbrennen." – „Du meinst all diese Streichhölzer?" Joeys Stimme ging eine Oktave hoch. „Ja! All diese Streichhölzer." Ich verließ die Küche, ging ins Fernsehzimmer und schaltete den Fernseher an. Ich war ganz ruhig. Ich wußte, dies würde eine gute Lehre sein, denn ich war nicht ärgerlich, sondern nur fest und bestimmt. Die Kinder hatten sich wieder an die Arbeit gemacht. Man hörte sie kaum reden oder lachen. Etwas Zeit verging, dann fragten sie mich erneut: „Können wir jetzt aufhören, Mami?" Es war Joey.

Ich ging in die Küche und sah, daß sie tatsächlich viel mehr Streichhölzer abgebrannt hatten, aber die Schüssel war noch immer nicht leer. „Nein, Joey, noch nicht. Ihr habt noch eine ganze Menge Streichhölzer abzubrennen. Ich muß sicher sein, daß ihr es alle wie aus dem Effeff könnt." Ich blieb freundlich, aber energisch. Aber die Kinder versicherten mir, sie verständen jetzt, wie man mit Streichhölzern umzugehen habe. Ich hörte mir ihre Argumente an. „Mami, wir können es jetzt wirklich. Dürfen wir nicht aufhören? Wir haben das nun fast zwei Stunden lang gemacht. Übrigens tun uns schon richtig die Finger weh, falls dich das interessiert." Maria klang gereizt. Es fiel mir schwer, aber ich beharrte auf meinem Standpunkt. „Es tut mir leid, wenn ihr müde seid, aber ich bin mir immer noch nicht wirklich sicher, daß ihr fähig seid, die Streichhölzer richtig und gefahrlos anzuzünden. Und bevor ich keine Sicherheit habe, dürft ihr nicht aufhören. Das hier ist eine wichtige Lektion für euch. Genaugenommen ist es eine Sache von Leben und Tod." Ich fand, das man das Spiel mit dem Feuer als gar nicht riskant genug hinstellen konnte. Ich ging zurück zum Fernseher. Es dauerte eine weitere Stunde, ehe ich damit einverstanden war, daß sie aufhörten. Und obwohl die Kinder innerlich ungemein wütend waren, war etwas Neues zwischen uns – ein neues Gefühl. Ich konnte es nicht mit Worten beschreiben, aber vielleicht war es die Basis aus Liebe und Respekt, die sich im Laufe der letzten Monate entwickelt hatte. Sie versprachen, nie wieder Streichhölzer anzuzünden, wenn nicht ein Erwachsener zugegen sei. „Auch ich hoffe, daß ihr nie mehr mit Streichhölzern spielt, aber wenn ihr es unbedingt tun wollt, dann weiß ich jetzt, daß ihr damit umgehen könnt." Und ich fuhr fort: „Ich kann euch nicht dauernd beaufsichtigen wie eine Polizistin." Ich gab jedem Kind einen Kuß und schickte sie alle hinaus zum Spielen. Sie waren froh, weil sie endlich vom Tisch aufstehen durften. Und ich war froh, weil ich tatsächlich begann, mir richtig klug vorzukommen.

Zehntes Kapitel

Von der Kirche geächtet

Daß ich als alleinige Versorgerin einer sechsköpfigen Familie fungierte, war eine so große Verantwortung, daß ich manchmal kaum die Zeit hatte, mich der Erziehung meiner Kinder zu widmen. Zuweilen schmerzte mein Magen so sehr, daß ich mir immer wieder sagte, ich würde sicherlich bald sterben und meine kleinen Kinder würden dann der Obhut meiner Verwandten anheimfallen. Der Sommer näherte sich seinem Ende, und alles, woran ich denken konnte, war, woher ich im Herbst das Geld für die Schule nehmen sollte, auf die die Kinder gingen. St. Mark's war eine gute Schule, eine teure Schule, und da ich Katholikin war, hatte es nie einen Zweifel gegeben, wo die Kinder ihre Erziehung erhalten würden. Aber momentan verfügte ich nur über die 60 Dollar in der Woche, die ich von Joe bekam. In den Monaten, die vergangen waren, seit er aus unserem Haus ausgezogen war, war ziemlich offenkundig geworden, daß er auch nicht länger willens war, uns bei unserer Ernährungssituation zu helfen. Er war nicht mehr bereit, die Zuwendungen, die er von Nanu erhielt, mit uns zu teilen. Damit bestrafte er mich dafür, daß ich die Scheidung wollte. Ich nahm schnell einen Schluck Coke und wählte die Nummer von St. Mark's. Ich wollte den Anruf rasch hinter mich bringen. „Kann ich bitte mit dem Monsignore sprechen?" Ich konnte die Nervosität in meiner eigenen Stimme hören. „Einen Moment bitte", sagte eine weibliche Stimme. Ich mußte so lange warten, daß ich währenddessen Zeit hatte, eine weitere Zigarette zu rauchen. Endlich meldete er sich. „Hallo, hier spricht der Monsignore. Was kann ich für Sie tun?" – „Monsignore, hier spricht Mary Carlotti. Wie geht es Ihnen?" – „Es geht mir gut." Seine Stimme klang kalt.

Schweigen. Anscheinend hatte er nicht die Absicht, mich zu fragen, wie es mir ginge. Ich schluckte und versuchte, gelassen zu bleiben. Aber schon jetzt brannten Tränen in meinen Augen, und ich bemühte mich, sie zurückzuhalten. „Monsignore, ich rufe Sie an, um über den Schulbesuch meiner Kinder in der St. Mark's-Schule im Herbst zu sprechen." Ich machte eine Pause, in der Hoffnung, er würde etwas sagen. Doch er blieb stumm. Alles, was ich hören konnte, war sein langsames Atmen. Ich fuhr fort: „Die Sache ist – ich werde das Schulgeld nicht bezahlen können. Daher wollte ich Sie fragen, ob die Kinder trotzdem weiterhin hingehen dürfen, ich meine, auch ohne Schuldgeld ... oder was ich tun könnte ... deshalb rufe ich Sie an." Ich hatte gemurmelt und die Sätze stoßweise hervorgebracht. „Nun, Mary", seine Stimme klang ärgerlich, „ich glaube nicht, daß Geld das Problem ist. Die Kinder wären mehr als willkommen in unserer Schule, wenn nur das Geld der kritische Punkt wäre, aber es kursiert das Gerücht, daß Sie Father Pat heiraten wollen; daher möchte ich Sie bitten, Ihre Kinder nicht mehr hierher zu schicken." Er machte eine Pause. „Ihre Kinder sind in St. Mark's nicht länger willkommen. Das Beste wäre, Sie würden sie woanders anmelden." Schweigen. Ich konnte kein Wort hervorbringen.

„Ihre Kinder sind hier nicht länger willkommen", sagte er noch einmal. Er räusperte sich und wartete. Ich stand, den Ellbogen auf den Wandschrank gestützt da, und merkte plötzlich, daß alle Kinder neben mir in der Küche standen. Ich hatte keine Ahnung, wann sie hereingekommen waren. Ich konnte meine Tränen nicht länger zurückhalten. Ich wartete darauf, daß er mich fragen würde, ob an dem Gerücht etwas Wahres dran sei oder nicht. Doch er fragte nicht. Seine Stimme klang abwertend und scharf. Seine Stimme sagte mir, daß ich eine Sünderin war. „Nun, das ich alles, was ich wissen wollte", sagte ich weinend. Ich dachte, er würde mir zumindest die Chance auf eine Klarstellung zugestehen, aber seine Stimme triefte geradezu vor Abscheu, und er hatte keinerlei Absicht, es zu tun. „Gut, dann, trotzdem vielen Dank", würgte ich hervor. Auf der anderen Seite wurde ohne Gruß aufgelegt. Ich stand da und hielt ungefähr eine Minute lang den Hörer in der Hand. Dann legte ich den Hörer auf die Gabel, vergrub mein Gesicht in den Händen und begann, hemmungslos zu schluchzen. Die Kinder standen schweigend um mich herum. Schließlich fragte Maria sanft: „Was ist, Mami? Was ist passiert?" Sie standen geduldig wartend da. Ich konnte nicht antworten. Ich konnte nur weiter weinen. „Bitte, Mami, sag' uns, was los ist", bat Maria noch einmal. Ich wollte es ihnen wirklich nicht sagen. Ich wollte sie vor Dingen wie diesen bewahren, aber sie wußten, daß etwas Schlimmes geschehen war. Ich mußte es ihnen sagen, sonst würde alles nur noch ärger. „Ich habe mit dem Monsignore gesprochen, weil ich wissen wollte, ob ihr im Herbst wieder auf die St. Mark's-Schule gehen könnt. Er sagte, das sei nicht möglich. Er sagte, meine Kinder dürften nicht hingehen wegen dieses Gerüchts. Er sagte, es kursiere das Gerücht, daß ich Father Pat heiraten wolle. Er hat mich nicht einmal gefragt, ob das stimmt. Er war so abwertend und sarkastisch. Er verhöhnte mich sogar, als er das sagte." Ich weinte noch heftiger. „Wohin werdet ihr denn dann gehen? Was sollen wir bloß tun? Das macht mich ganz krank. Wie kann er meinen Kindern das antun?" – „Das ist nicht schlimm, Mami. Wir können auf die Kilmer-Schule gehen wie alle anderen Kinder hier auch. Mach' dir nichts daraus. Wir gehen gern dorthin. Willst du Father Pat wirklich heiraten, Mami?" fragte Tony. „Ich weiß nicht, aber ich liebe ihn. Wir haben darüber gesprochen, aber er sagt, er hat Angst davor. Jedenfalls wollte ich zuvor mit euch Kindern darüber sprechen." – „Wir haben ihn auch lieb, Mami", sagte Joe.

„Wirklich?"

„Ja, Mami. Nicht wahr, Jungs?" Maria drehte sich aufgeregt zu ihren Brüdern um. „Ja, das tun wir, Mami. Ist schon gut, du kannst ihn heiraten, wenn du willst. Wir haben nichts dagegen." – „Ja, und ich glaube, es wäre echt toll, auf die Kilmer-Schule zu gehen. Dürfen wir wirklich dorthin?"

Aus John Stimme war Begeisterung herauszuhören. „Ja. Ich würde auch gern da hingehen." Tony schloß sich seinem Bruder an. „Ja, und dann könnten wir zum Mittagessen nach Hause kommen." – „Und wir könnten zu Fuß gehen. Kein Schulbus mehr! Jupiiiii!" Joey war ganz aus dem Häuschen. „Ja, und du könntest Father Pat heiraten, das wäre wunderbar." – „Würden wir ihn dann weiter Father Pat nennen, Mami?" Ich war überwältigt. Ich wollte wirklich nicht über eine mögliche Heirat mit Father Pat sprechen, aber ich fand es wundervoll, daß sie so offen und arglos darüber redeten. Sie knieten um mich herum, während ich auf dem Küchenboden saß. Sie hielten meine Hände, küßten mein Gesicht und versuchten, sich auf meinen Schoß zu setzen. Sie waren begeistert über ihre neue Schule und auch über die Tatsache, daß ich Father Pat liebte. Ich hörte ihnen zu und trocknete mir die Tränen ab. Niemals hatte ich mich so geliebt und unterstützt gefühlt. Die Kraft, die in diesem Augenblick von dieser Kinderschar ausging, war unglaublich. Keine menschliche Macht konnte stärker sein. „Hast du dich schon scheiden lassen, Mami?" John umfaßte meine Hand. Wie kam es, daß sie immer genau zu wissen schienen, was gerade in meinem Kopf vorging? „Wir unterschreiben morgen die Papiere. Alles andere ist geregelt." Ich war schon wieder dem Weinen nahe. „Werden wir dann immer noch samstags mit Dad ausgehen?" wollte er wissen. Er umklammerte meine Hand fester. „Ja, natürlich werdet ihr das. Das heißt, wenn ihr es wollt und er euch hier abholt", sagte ich. Ich versuchte, das alles selbst richtig zu begreifen. „Was ist mit Father Pat, Mami?" fragte Joey. Ich wußte, daß sie noch weitere Fragen hatten. „Nun, er ist ein wunderbarer Freund." Ich hielt inne und schaute in ihre Gesichter. „Ich weiß nicht, wie sich die Dinge entwickeln werden. Ich liebe ihn, und wenn wir uns entschließen zu heiraten, werdet ihr es als erste wissen." Ich zog sie näher an mich, damit ich meine Arme um sie alle legen konnte, und flüsterte: „Ich würde so etwas nie tun, ohne euch vorher zu fragen, was ihr dazu meint. Wir werden all unsere Entscheidungen gemeinsam fällen." Ich konnte mir kaum vorstellen, daß er mich begehrenswert genug fand, um mit mir Sex haben zu wollen, aber das konnte ich den Kindern nicht sagen. Zumindest liebte er mich und die Kinder. Das war wichtig. Ich war nicht sexy, aber was konnte ich daran ändern? Ebenso wußte ich, daß Father Pat jedenfalls im Augenblick viel zu ängstlich war, um das Wort „Heirat" auch nur in den Mund zu nehmen. Wir beide stimmten darin überein, daß wir nicht alles glaubten, was uns unsere katholische Erziehung gelehrt hatte. Aber obwohl er immer wieder behauptete, er lehne vieles davon ab, machte er sich dennoch Sorgen, was die Leute von ihm denken könnten. Und wenn er nicht imstande war, für mich einzustehen, konnte ich ihn dann heiraten? Ich liebte ihn, aber er mußte mir beweisen, daß er sowohl für sich selbst als auch für mich einstehen konnte. Auch seine Scheu vor Sex war ein wenig bestürzend. Aber vielleicht brauchte er nur etwas Zeit. Die Kinder lächelten mich an, und ich wußte, daß sie erleichtert waren. Ich wußte zu diesem Zeitpunkt nicht, was für eine bedeutsame Feststellung ich da eben gemacht hatte. Sie war mir einfach so entschlüpft. Und wo ich sie jetzt noch einmal aussprach, hatte ich ein gutes Gefühl dabei. „Wir werden alle Entscheidungen gemeinsam fällen." Waren meine Kinder zu jung, als daß ich ihnen solche Dinge sagen durfte? Nicht wirklich, fand ich. Ich bat die Kinder, ihre Handtücher zusammenzusuchen, denn ich wollte den Rest des Tages mit ihnen am Strand verbringen. Schnell bereitete ich zehn Erdnußbutter- und Marmeladesandwichs zu. Fünfzehn Minuten später lagen wir auf unseren Handtüchern im Sand.

In der ganzen Kirchengemeinde wurde bekannt, daß der Monsignore gesagt hatte, meine Kinder dürften nicht mehr auf die Schule gehen; daraufhin übernahm es der Kirchenrat aus eigenem Antrieb, diese Verfügung anzufechten. Der Rat setzte sich tapfer für mich und meine Kinder ein. Schließlich wurde uns gesagt, meine Kinder könnten weiterhin die katholische Schule besuchen. Aber etwas in mir hatte sich bereits geändert, und zum ersten Mal in meinem Leben hatte ich laut über all die Heucheleien der Kirche gesprochen, die ich seit meiner Kindheit erlebt hatte. Ich dankte der Gemeinde für ihre Unterstützung, aber ich lehnte es ab, meine Kinder erneut auf die St. Mark's-Schule zu schicken. Ich hatte nicht einmal mehr den Wunsch, überhaupt noch in die katholische Kirche zu gehen. Aber tief in meinem Inneren wußte ich, daß ich mich momentan in einer Phase der Auflehnung befand, die eines Tages vorbei sein würde, und daß ich dann wieder hingehen würde. Schließlich war die katholische Kirche immer ein Teil meines Lebens gewesen.

Ich war fast immer die letzte, die ins Wohnzimmer kam. Ich wußte, daß den Kindern die Versammlungen manchmal gefielen und daß sie sie andere Male gräßlich fanden. Mir ging es genauso, aber niemand wollte sie je auslassen, aus Angst, dann etwas zu versäumen. „Hat jemand heute etwas zu sagen?" Joey übernahm die Rolle des Vorsitzenden. „Ich habe fast die ganze Woche lang allein die Küche sauber-gemacht", sagte John, Mitgefühl heischend. Ich sagte kein Wort dazu.

„Und ich finde, daß das nicht gerecht ist", fuhr er fort, in Erwartung einer Antwort. Ich blieb stumm.

„Ich bin mir sicher, daß du damit fertig werden kannst", ließ ich schließlich verlauten. „Dir ist das einfach ganz egal!" John sah mir direkt in die Augen. Aber ich hatte zu diesem Thema nichts mehr zu sagen und beschloß, schwei-gend darauf zu warten, wie es weiterging. „Hat sonst je-mand noch etwas zu sagen?" fragte Joey erneut. „Ja, ich", sagte Maria. „Mir gefällt es nicht, wie unsere Schlafenszeit festgesetzt worden ist. Ich glaube, es ist einfach nicht fair, daß wir alle um zwanzig Uhr dreißig ins Bett gehen müs-sen." Maria liebte es, das Wort „fair" zu verwenden. Ich haßte dieses Wort nicht nur, sondern wollte mich auch nicht davon beeindrucken zu lassen. „Fair? Fair, Maria?" Ich griff sie an und war kurz davor, ihr eine Standpauke zu hal-ten. „Okay, Mami, sag' es jetzt nicht bitte schon wieder. Wir haben es tausendmal gehört. ‚Das Leben ist nicht fair, das Leben ist nicht fair, das Leben ist eben das Leben.' Ich meine nicht wirklich ‚fair', verstehst du?" Maria war verär-gert und brachte dies auch ganz offen zum Ausdruck. „Gut, sprechen wir alle darüber", sagte ich einlenkend und forderte sie auf, ihre Meinungen zu sagen. „Nun – ich finde, wir sollten ein wenig länger aufbleiben dürfen." Joey wußte, daß meine Aufforderung ernst gemeint war. „Um wieviel länger, Joey?" fragte ich.

„Fünf Stunden vielleicht? War nur ein Scherz." Joey lachte und zwinkerte mir zu. Sie sagten kein Wort, aber sie schauten sich gegenseitig an und fragten sich, wer wohl zuerst seine Meinung äußern würde. Ich ahnte, daß sie bereits darüber gesprochen hatten und wartete darauf, daß jemand das Wort ergreifen möge. „Wäre es nicht möglich, daß wir einfach dann ins Bett gehen, wenn wir müde sind?" So wie Anthony das sagte, klang es sehr einfach. Alle wußte, daß Anthony oftmals gute Ideen einbrachte. Zuweilen beobachtete ich, daß seine älteren Geschwister ein wenig neidisch auf seine Vorschläge und Bemerkungen waren. Aber sie sagten nichts und machten sich auch diesmal nicht über ihn lustig. Sie warteten auf meine Antwort. „Wie soll das funktionieren?" Ich forderte ihn auf, offen zu sagen, was er dachte. Anthony liebte es, wenn alle auf seine Ideen eingingen und ihn nicht wie ein kleines Kind behandelten. „Einfach so, wie ich gesagt habe, Mami. Jeder sollte selbst herausfinden, wieviel Schlaf er braucht. Ich beispielsweise habe herausgefunden, daß ich mich früh schlafen legen muß. Offenbar habe ich mehr Schlaf nötig als Maria." „Ich finde, wir sollten eine bestimmte Zeit festsetzen, Jungs", meinte Maria. „Warum, Maria?" Was mochte sie zu dieser Ansicht veranlassen? „Dann wissen wir wenigstens, wann wir im Bett sein sollen", antwortete Maria ungeduldig, als wenn nichts selbstverständlicher wäre. „Nun, ich finde, wir sollten jeder unsere eigene Schlafenszeit wählen. Ich finde, das ist besser, als wenn Mami uns immer sagt, wann wir ins Bett zu gehen haben." Joey sprach in einem sehr sachlichen Ton. „Ich bin deiner Meinung. Ich finde, ihr solltet eure Schlafenszeit selbst wählen." Sie starrten mich ungläubig an.

John wurde sofort ärgerlich. „Ich finde das nicht komisch, Mami. Ich weiß, daß du gar nicht wirklich vorhast, uns unsere Schlafenszeiten wählen zu lassen, und ich mag nicht, daß du darüber Witze reißt." Johns Mißbilligung überraschte mich. „Es ist mir ganz ernst, John. Es tut mir leid, wenn du glaubst, daß ich Witze mache – das ist nicht der Fall." Ich machte eine Pause, dann blickte ich wieder John an. „Ich finde, das ist eine hervorragende Idee!" „Wirklich, Mami? Ist das kein Trick?" Joey konnte es auch noch nicht ganz glauben. „Nein, Joey, das ist kein Trick. Ich glaube nicht, daß ich euch bei so etwas je ausgetrickst habe." Ich war etwas beleidigt. „Na, vielleicht ist Trick nicht das richtige Wort, aber du mußt einräumen, daß wir viele Dinge anders als andere Leute machen, seit du diesen Dreikurs getroffen hast", sagte Maria, ihre Brüder verteidigend. „Was ist, wenn wir drei Uhr morgens als Schlafenszeit wählen, Mami? Würdest du uns erlauben, bis dahin aufzubleiben?" fragte Joey herausfordernd. Jetzt steckte ich in der Klemme und wußte, daß sie mich auf die Probe stellen wollten. Ich antwortete sanft: „Du wirst doch wohl nicht erst um drei Uhr morgens ins Bett gehen wollen, oder?" Während ich die Worte aussprach, wurde mir bewußt, daß meine Frage als Angriff auf sie verstanden werden könnte. Das war nicht meine Absicht gewesen. Ich biß mir auf die Lippen und wartete gespannt darauf, was sie als nächstes sagen würden. „Nun, vielleicht nicht erst um drei Uhr morgens, aber was ist, wenn wir ein Uhr morgens wählen?" Joey beugte sich zu mir hinüber. Alle schauten mich an. „Nun, ich glaube auch nicht, daß ihr ein Uhr morgens wählen werdet." Ich lachte und zuckte mit den Schultern. „Vielleicht tut ihr's, aber ich glaube das nicht." Ich wußte, sie würden eine späte Schlafenszeit wählen, um mich zu testen und zu sehen, wie weit sie mit mir gehen konnten. „Da täuschst du dich, Mami, denn ich möchte gerne erst um ein Uhr morgens ins Bett gehen", sagte Maria. „Dann kann ich lesen, solange ich will." „Ja, das will ich auch", sagte Joey und beugte sich hinüber, um Christopher etwas ins Ohr zu flüstern. „Ich auch", sagte Christopher, als Joey ihn mit dem Ellenbogen anstieß. „Ich fände das auch toll", schaltete sich Anthony ein. „Wir müssen momentan wirklich zu früh ins

Bett, und es wäre phantastisch, wenn wir unsere Schlafenszeit selbst wählen könnten. – Meine Freunde werden das gar nicht glauben", setzte er lächelnd hinzu. „Ihr wollt also alle bis um ein Uhr morgens aufbleiben?" fragte ich. „Ihr wollt wirklich bis um ein Uhr morgens aufbleiben?" wiederholte ich, da ich Zeit gewinnen wollte, um zu überlegen, was ich als nächstes sagen wollte. „Nun gut, wenn ihr das wirklich wollt ..." „Natürlich wollen wir das. Wir hätten es gerne so, und du weißt, daß wir's auch tun würden." Maria sprach für alle. Ich rutschte auf dem Boden nervös von einer Stelle auf die andere. „Ich glaube nicht, daß ihr überhaupt imstande wärt, bis ein Uhr morgens aufzubleiben. Zumindest in Schulzeiten. Ihr kämt ja morgens gar nicht mehr heraus. Ich halte das nicht für eine gute Idee", sagte ich ernsthaft. „Das habe ich mir gedacht. Ich wußte, daß es dir nicht ernst war. Ich wußte, du würdest uns nicht wirklich die Wahl lassen", fuhr mich Joey sofort an. „Nein, das will ich damit nicht sagen. Ich habe gesagt, ihr könnt eure Schlafenszeit selbst wählen und habe es auch so gemeint. Stell' mich nicht als Monster hin, Joey, das bin ich nicht. Wenn ihr bis ein Uhr morgens aufbleiben wollt, dann akzeptiere ich eure Entscheidung. Bis zu unserer Versammlung in der nächsten Woche wollen wir es so halten." Ich machte eine Pause. „Aber was ist, wenn ihr vor ein Uhr einschlaft? Was machen wir dann?" Ich blieb ernst. „Das wird kein Problem sein, Mami. Wir bleiben sicher wach." Joey klang energisch und überzeugend. „Gut, aber nehmen wir einmal an, ihr nickt vor ein Uhr ein. Darf ich euch dann aufwecken und sicherstellen, daß ihr unsere Abmachung einhaltet?" Gespannt hoffte ich, daß sie ja sagen würden. „Mach dir darüber keine Sorgen, das wird nicht passieren", sagte Maria selbstsicher. „Ich mache mir keine Sorgen, Maria. Ich will nur die Regeln kennen", erwiderte ich. „Wir können das, Mami", sagte Christopher, und seine Augen glänzten vor Aufregung. Ich schaute sie nur an und mußte lächeln. Ich liebte es, sie anzuschauen. Immer fragte ich mich, ob sie wirklich so schön waren oder ob ich das nur dachte, weil sie meine Kinder waren. Nein, sie waren nun einmal schön, entschied ich wie üblich. „Ich denke, wir müssen dir zeigen, daß wir es können. Aber ich versichere dir, Mami, es wird mir nicht schwerfallen, solange aufzubleiben. Ich kann nicht für die anderen sprechen, aber für mich wird das kein Problem sein." Joey frohlockte. Keines der Kinder hatte mehr Lust, weiterhin über dieses Thema zu sprechen, und ich auch nicht, aber ich wollte eine Abmachung. „Was ist, wenn ihr vor ein Uhr einschlaft?" Ich beharrte auf einer Antwort. „Mami, ich werde nicht vorher einschlafen. Aber wenn ich's je tun sollte, kannst du mich aufwecken. In Ordnung?" fragte Joey lässig. „Das gleiche gilt für mich", sagte John.

„Für mich auch", schloß sich Maria an.

„Paßt mir auch", stimmte Anthony zu.

„Mir auch." Christopher wollte nicht zurückstehen. Ich war erstaunt über Anthonys Antwort, denn er hatte vor kurzem behauptet, er wisse, daß er viel Schlaf benötige; doch ich durfte unter keinen Umständen lachen, denn sonst dachten sie sicher, ich würde mich über sie lustig machen. Sie wollten mir gerne beweisen, daß ich mich in ihnen täuschte, wenn ich es ihnen nicht zutraute. Ich wußte nun, daß ich unbedingt zu meiner Entscheidung zu stehen hatte und den Konsequenzen nicht ausweichen durfte. Die neue Schlafenszeit sollte noch am selben Abend in Kraft treten. „Gibt es noch etwas, worüber ihr auf dieser Versammlung sprechen wollt?" Joey war müde. „Christopher, was ist? Du weißt doch, daß du nicht die Hand heben mußt, wenn du reden willst?" „Joey, wenn du stirbst, kann ich dann deine Sporttrophäen haben?" fragte Christopher. Es war ihm ernst. „Mein Gott, Christopher, ich bin doch noch nicht alt! Mein Gott, ich kann gar nicht glauben, daß du mich das gefragt hast." Joey war vollkommen aus der Fassung. „Er weiß das noch nicht, mein Schatz. Für ihn bist du wahrscheinlich alt." Ich konnte es mir einfach nicht verkneifen, mit den anderen – mit Ausnahme von Joey – laut loszulachen. „Noch was für heute?" Joey wollte die Versammlung beenden. Sie war lang gewesen. „Nicht wirklich." Anthony antwortete für alle.

Am selben Abend um zehn Uhr dreißig schliefen alle Kinder wie die Steine. Ich fragte mich, wie lange ich sie schlafen lassen sollte, ehe ich sie – unserer Abmachung gemäß – aufwecken würde. Ich wollte zwar das Kleid fertignähen, das ich gerade für Maria schneiderte, aber wenn ich diese Lektion durchzuziehen beabsichtigte, mußte das Kleid eben warten. Ich war sehr müde, aber auch der Schlaf mußte warten. Ich mußte unwillkürlich schmunzeln, als ich sie da alle auf dem Boden des Wohnzimmers liegen sah. Es war ein komisches Bild, und ich holte meinen Fotoapparat, um die Szene aufzunehmen, ehe ich sie weckte. Das würde eine unruhige Nacht werden. Nachdem ich ein paar Aufnahmen gemacht hatte, wußte ich, daß ich es nicht länger aufschieben konnte. „Wacht auf! Wacht auf! Es ist erst Viertel vor elf, und ihr schlaft schon." Ich ging zwischen ihnen hin und her und rüttelte an ihren Schultern. „Ich schlaf' ja gar nicht, Mami. Ich habe nur ein paar Minuten lang meine Augen zugemacht, aber ich schlafe nicht." Ich rüttelte sie weiter. „Anthony, Joey, wacht auf! Ihr schlaft ja alle. Los, öffnet eure schönen Augen." „Das soll wohl ein Witz sein, Mami." Joey hielt seinen Kopf hoch, dann – als hinge er wie der einer Marionette an einem Faden – fiel er auf den Boden zurück. Ich setzte mich aufs Sofa. Ich hatte keineswegs die Absicht, einen Witz zu machen. Das war die Vereinbarung, auf die wir uns geeinigt hatten. Wieder rief ich ihnen mit sanfter, aber fester Stimme zu, sie sollten aufwachen. Niemand rührte sich. Ich wiederholte meine Aufforderung. Es war noch nicht ein Uhr; bis dahin waren es noch einige Stunden. Ich bemühte mich, meiner Stimme einen freundlichen, aber gleichzeitig entschlossenen Ton zu geben. Ich war schon zu weit gegangen, um das Ganze noch abblasen zu können. „Nun, ich wollte gar keinen Witz machen. Ich halte mich nur an unsere Abmachung", rechtfertigte ich mich. „Okay, Mami, es reicht!" brüllte Joey.

Ich sah zu, wie sie langsam die Arme an ihre Gesichter hoben. Sie waren zornig, und sie zeigten mir, daß sie es waren. Ich sagte zu ihnen, es sei erst elf Uhr, und sie hätten doch vorgehabt, bis ein Uhr morgens aufzubleiben. Alle rieben sich mit beiden Händen ihre verschlafenen Augen. Ich sah ihnen dabei zu und fühlte mich innerlich wie gelähmt. Es war dasselbe Gefühl, das ich hatte, als ich lernte, „mein Badezimmer auf die richtige Weise zu benutzen". Sie stempelten mich zur „Bösen" ab. Das machte mir zu schaffen. Noch immer hatte ich große Angst davor, sie könnten die Dinge, die ich tat, jemandem erzählen. Doch gleichzeitig hatte ich großes Vertrauen in meine neue Erziehungsmethode. Ich beharrte darauf, daß die Kinder sich eine Weile aufsetzten, anstatt im Liegen zu lesen. Sie murrten, setzten sich aber gehorsam auf und lasen eine Zeitlang in ihren Büchern. Doch nach und nach legten sie sich wieder hin und schlossen die Augen. Mein Magen krampfte sich schmerzhaft zusammen, als ich sie erneut aufweckte. Ich fand es furchtbar, aber ich mußte es tun. Ich tat mir selber leid und wäre froh gewesen, wenn dieser Teil schon vorüber wäre.

Am nächsten Morgen waren die Kinder offenkundig sehr müde und redeten nicht viel. Als sie an diesem Nachmittag von der Schule nach Hause kamen, fragte Joey mich, ob wir es an diesem Abend genau halten würden wie am vorigen. Ich stellte mich dumm und brummte nur „Hmm." Seinem finsteren Gesichtsausdruck nach zu urteilen war er nicht gerade begeistert darüber, aber er sagte nichts. Am späten Abend schien alles friedlich zu sein, aber ich fragte mich, wie es nun weitergehen würde. Ich saß an meiner Nähmaschine, nähte und wartete. Die Kinder unterhielten sich ruhig miteinander im Wohnzimmer. Wie lange würde es dauern, bis sie schliefen? Ich schaute auf meine Uhr. Es war zwanzig nach neun. Zwanzig Minuten vor zehn war es vollkommen ruhig. Ich ging ins Wohnzimmer und betrachtete meine schlafenden Kinder. Die sahen wie Engel aus. Konnte ich sie nicht einfach schlafen lassen? Nein, es durfte nicht sein. Ich schüttelte die Kinder und weckte sie auf wie am Abend zuvor. Das gehörte zu unserer Abmachung. Wenn sie einschliefen – was, wie die Kinder beteuert hatten, nicht geschehen würde – sollte ich sie aufwecken. „Wach auf, John. Komm schon, Joey, wach auf. Maria wach auf. Ihr schlaft ja schon." – „Hör auf!" rief Joey und versuchte, mich wegzuscheuchen. „Steh auf, mein Schatz", sagte ich kühl. „Los Johnny, es ist noch nicht ein Uhr." – „Verdammt noch mal, hör auf!" rief John zornig und stand auf. „Ich tu nur das, was wir abgemacht haben." Ich fand, daß meine Stimme eher ängstlich als selbstsicher klang. „Wir sind jetzt wach, Mami. Okay?" Maria klang sehr ärgerlich. Mein Magen krampfte sich zusammen, und ich ging ins Badezimmer, um einen Moment lang nachzudenken. Tat ich das Richtige, indem ich sie aufweckte, auch wenn sie so müde waren? Ja, so lautete die Vereinbarung. Und es war erst die zweite Nacht. Warum kam es mir so vor, als würden wir das schon ein Jahr so praktizieren? Würde es sich so entwickeln, wie ich hoffte? Würden sie lernen, sich eine Zubettgehzeit zu wählen, die ihrem Schlafbedürfnis entsprach? Ich mußte unwillkürlich lachen. Trotz all dieser sorgenvoller Gedanken war das irgendwie komisch. Gott sei Dank hatte ich noch immer meinen Humor. Ohne dem hätte ich das wahrscheinlich nicht durchgestanden.

Am Morgen des dritten Tages fragten die Kinder, ob wir an diesem Nachmittag eine „Notversammlung" abhalten könnten. Ihre übermüdeten, mürrischen Gesichter waren an diesem Morgen nicht gerade schön anzusehen. Normalerweise blieben Entscheidungen, die bei den Versammlungen gefällt wurden, bis zu der Versammlung der darauffolgenden Woche gültig. Eine Notversammlung war etwas Seltenes und sollte es auch bleiben; aber auch ich selbst bekam momentan nicht genug Schlaf. Nachdem sie von der Schule nach Hause zurückgekehrt waren, kamen sie zu mir in die Küche. „Ist das wirklich eine Notsituation, Kinder?" Ich wollte ihrer

Bitte nicht allzu schnell nachkommen. „Ja, Mami, so ist es, und das weißt du. Mach' dich nicht darüber lustig." Maria verdrehte die Augen und hatte offenbar schlechte Laune. Ihre Bücher fielen laut auf den Tisch, als sie die Hände in die Hüften stemmte. „Das will ich gar nicht. Welche Notlage besteht denn?" Ich verkniff mir jedes Lachen, kreuzte die Arme auf der Brust und wartete geduldig. Schon jetzt war mir klar, daß diese Lektion wirksam war. „Wir haben alle das Gefühl, daß wir fast umkommen, weil du uns die ganze Nacht aufweckst, und das weißt du sehr wohl. Du weißt, daß wir furchtbar müde sind, und das ist nicht unsere Schuld. Hör auf, so zu tun, als könntest du kein Wässerchen trüben!" Joeys Stimme war laut und spannungsgeladen, und als er nach einer Schachtel mit Kräckern langte, stieß er dabei fast Christopher um. Ich stand weiterhin ruhig, gegen den Wandschrank gelehnt, da und spürte, daß ich innerlich voller Selbstvertrauen war. „Schuld? Ist es etwa meine Schuld, daß du müde bist, Joey? Nun mal ehrlich, Kinder." Ich wollte keine Verantwortung für das übernehmen, was sie selbst bestimmt hatten, und war auch nicht bereit, mich in die Ecke der Schuldigen drängen zu lassen. Aber die Kinder wollten nicht, daß ich so leicht aus dem Schneider kam. „Du weißt, was wir meinen, Mami. Du weißt, wovon wir sprechen. Ich hasse es, wenn du dich so benimmst." Maria schaute mich nicht an, während sie das sagte. „Gut, wenn ihr alle damit einverstanden seid, daß wir eine Notversammlung abhalten sollten, dann wollen wir's auch tun", sagte ich ganz ruhig. „Mami, wir sind damit einverstanden, wenn du es nur auch bist." John wollte klarstellen, wer hier an wessen Seite stand. Dies war eine Sache, bei der sie alle gegen mich kämpften. Schnell gingen sie ins Wohnzimmer und setzten sich auf den Boden. „Ein Uhr morgens ist eine zu späte Schlafenszeit", begann Maria. Joey kam seiner Schwester sofort zu Hilfe.

„Ja, das ist zu spät", sagte er und streckte sich auf dem Boden aus. „Ich bin auch dieser Meinung", sagte John und legte sich ebenfalls hin. Maria räusperte sich, denn sie hatte vor, für alle zu sprechen. „Wir haben beschlossen, es wäre eine gute Idee, dann ins Bett zu gehen, wenn wir müde sind. Da wir alle verschieden sind und unterschiedliche Schlafmengen brauchen, finden wir, jeder sollte seine eigene Schlafenszeit bestimmen können. Anthony, beispielsweise, ist immer schon lange vor mir müde. Ich bleibe gern länger auf und lese. John dagegen liebt es, noch herumzualbern. Wir sind eben alle unterschiedlich. Du hattest recht, als du sagtest, wir würden es nicht schaffen, bis ein Uhr morgens wach zu bleiben, aber wir dachten eben, wir könnten es. Vielleicht könnten wir die Ruhezeit um zwanzig Uhr dreißig beginnen. Ist das zu spät, Mami?" – „Nein, ich glaube, das könnte gehen. Wir können es ja eine Woche lang ausprobieren und sehen, wie es funktioniert. Wir können es dann immer noch in der Versammlung der nächsten Woche ändern, wenn wir wollen." Maria fuhr fort: „Wenn wir zusammen lesen oder sonst etwas tun wollen, dann können wir es ja vor zwanzig Uhr dreißig tun. Das haben wir beschlossen. Was sagst du dazu?" „Ich finde das gut, Kinder. Ich finde eure Entscheidungen sehr vernünftig. Wenn ihr ernsthaft über etwas nachdenkt, kommt immer etwas Gutes heraus. Was ist denn, Anthony?" – „Ich bin müde. Können wir diese Versammlung bald beenden?" Seine Augen waren schon halb geschlossen. „Ja, laß uns für heute Schluß machen. Ich will auch bald ins Bett, Schatz. Wir sind wahrscheinlich alle müde." Ich lächelte. „Da sprichst du ein wahres Wort." Joey lachte, aber seinem Gesichtsausdruck war zu entnehmen, daß er mir den Schlafentzug der beiden letzten Nächte noch nicht ganz verziehen hatte. Dieser Abend verlief ausgesprochen ruhig. Jedesmal, wenn die Kinder eine konkrete und vernünftige Entscheidung verkündeten, staunte ich über ihre Cleverneß und verurteilte mich selbst dafür, daß ich je an ihrer Fähigkeit, Probleme zu lösen, gezweifelt hatte. Diese Kinder waren einfach wundervoll. Waren das nur meine Kinder, wie die Leute immer sagten, oder waren alle Kinder so klug? Aber vermutlich waren alle Kinder so.

178

Zwölftes Kapitel

Mein Name ist Apfel

„Ich habe beschlossen, für heute meinen Namen zu ändern", sagte ich eines Samstagmorgens beim Frühstück. Lächelnd stellte ich fest, daß die Kinder mit Verblüffung reagierten. „Und ich beginne jetzt gleich damit. Ich werde eine Zeitlang nicht auf die Anrede ‚Mami' reagieren. Bis auf weiteres könnt ihr mich ‚Apfel' nennen. Ich habe die Anrede ‚Mami' einfach schon zu oft gehört. Versteht ihr das?" Ich wartete einen Augenblick lang auf ihre Reaktion. Keines der Kinder sagte ein Wort. Endlich ergriff Maria die Initiative. „‚Apfel'? Du willst, daß wir dich ‚Apfel' nennen?" fragte sie, verdrehte die Augen und fing an zu lachen. Alle Jungen fielen in ihr Lachen ein, und am Ende lachte auch ich. Es klang einfach zu komisch. Aber mir war es ernst. Ich hatte genug von dem vielen ‚Mami, Mami'. „Laß sie lachen", dachte ich. „Wir sollen dich also wirklich ‚Apfel' nennen? Gut, Mama. Komm Anthony, gehen wir spielen." Joey klang so gleichgültig, als spräche er über das Wetter. Er sprang die Verandastufen hinunter. „Los, komm, John", brüllte er. „Laß uns gehen." Sie lachten nur. Sie lachten mich nicht unbedingt aus, aber vermutlich über den Gedanken, daß ihre Mutter wieder einmal total übergeschnappt war. Nachdem alle Kinder im Garten waren, setzte ich mich hin und machte eine Cola-Zigaretten-Pause. „Apfel", flüsterte ich mir zu. Ich mochte den Klang.

Als die Sonne am darauffolgenden Montag unterging, hatte ich das Gefühl, daß ein außergewöhnlich langer Nachmittag zu Ende war. Die Kinder waren schlechtgelaunt gewesen, seit sie aus der Schule gekommen waren. Manche Tage waren eben so. Etwa eine Viertelstunde lang lag ich auf dem Sofa und hörte ihnen zu. Obwohl sie im Flüsterton sprachen, waren sie laut genug, daß ich sie ganz deutlich vernehmen konnte, und was ich hörte, machte mich stocksauer. Sie flüsterten „schlimme" Wörter. Das machte mich immer sofort fuchsteufelswild, und das wußten sie. Aber dann kam mir plötzlich ein Gedanke: Warum es ihnen nicht einmal gleichtun? Ich sprang auf und ging in die Küche, um das Abendessen zuzubereiten. Die Kinder hielten sich im Fernsehzimmer auf. Scheiße. Verdammt. Fuck. Arschloch. Keines wurde ausgelassen. Ich war froh, daß ich sie schon seit langem nicht mehr für die Verwendung schlimmer Worte bestrafte – wie ich selbst es als Kind erlebt hatte. Mein Bruder Tim war früher oft von meiner Mutter gezwungen worden, seinen Mund mit Seife ausspülen. Doch das hatte nie irgend etwas geändert. Plötzlich fühlte ich mich ungeheuer schlau, weil mir klar wurde, daß diese „schlimmen" Worte" nur benutzt wurden, um meine Aufmerksamkeit zu erringen – so wie es auch bei ihrem Streiten der Fall gewesen war. Und ich hatte Lust, mich ihnen anzuschließen oder ihnen „in die Suppe zu spucken", wie Dreikurs gesagt haben würde. Ich ging in die Küche, öffnete die Schränke und sagte mit lauter, freundlicher Stimme: „Gottverdammte Scheißküche! Ich frage mich, welches Arschloch den vermaledeiten Topf weggeräumt hat! Wo ist der verdammte Löffel? Und wo der Deckel für diesen Scheißtopf? In diesem Schrank ist ein solches saumäßiges Durcheinander. Welches Arschloch hat den Deckel genommen? Ach, was für eine Kacke!" Innerlich platzte ich dabei fast los! Ich lachte so heftig, daß ich mir die Seiten halten mußte. Ich stand in der Küche und wiederholte jedes Schimpfwort, das ich hörte. Ich konnte spüren, wie sie mich von einer Ecke aus verstohlen beäugten. Meine Augen tränten, aber ich hielt weiterhin krampfhaft mein Lachen zurück. Ich bin nicht wütend auf euch, Kinder, dachte ich. Ich erziehe euch! Langsam werde ich so klug wie ihr. Das Haus war noch nie so ruhig gewesen. Ich hörte sie die Fenster schließen. In den folgenden zehn Minuten – die mir wie zehn Stunden vorkommen – spielte ich mein Theater weiter. Ich schaute ihnen nicht in die Augen, sondern konzentrierte mich ganz auf das Kochen des Abendessens. Als ich ihnen sagte, es sei fertig, setzte ich mich mit ihnen an den Tisch, als sei nichts geschehen. Die Kinder sprachen kein Wort. Sie hielten die Augen gesenkt, während sie ihre Teller füllten. Das Abendessen vollzog sich in einem noch nie dagewesenen Schweigen. Ich sah unbeteiligt zu, wie sie sich mit den Augen verständigten. Der Rest des Abends verlief ungewöhnlich ruhig, und bald lagen alle in ihren Betten. Ich war so stolz auf mich, daß ich fast platzte. Ich fragte mich, was nach diesem Vorfall wohl passieren würde. Die Zeit würde es erweisen.

Dreizehntes Kapitel

Scheidung, Hochzeit, Geld – und noch ein Baby!

„Glaubst du, daß irgend etwas mit mir nicht stimmt?" Er brachte den Wagen zum Stehen und wandte sich zu mir um. Ich hatte ihn noch nie zuvor so aufgebracht gesehen und auch noch nie so wütend brüllen hören. „Nein", antwortete ich sanft. Ich hatte sofort Angst. Auch wenn ich mir gerne selbst einredete, daß ich die meisten meiner Ängste überwunden hatte, so wußte ich doch ganz genau, daß das nicht stimmte. Roslyn hatte angeregt, Pat und ich sollten doch einmal den Berater aufsuchen, den sie und Robert konsultiert hatten, als sie Hilfe benötigt hatten. Schon vor einigen Monaten hatten Pat und ich beschlossen, den Versuch zu wagen und in einer Paarbeziehung zu leben. In gewissem Sinne hatten wir beide eine Scheidung hinter uns. Pat hatte sich von seinem Priesteramt getrennt, und ich hatte Joe verlassen. Pat sagte immer wieder, wie sehr er mich und die Kinder liebte. Er hielt sich ständig bei uns auf. Ich wußte, daß die Kinder ihn genauso liebten wie ich. Aber die Angst vor dem Geschwätz der Leute schien größer zu sein als unsere Liebe. Wir mußten die Meinung eines außenstehenden Menschen einholen, da war ich mir ganz sicher. Wenn wir das nicht taten, würde unsere Beziehung weiterhin stagnieren. Pat stimmte mir zögernd zu. Jason war wunderbar. Er war realistisch, und Pat und ich fanden beide, daß das, was er sagte, Hand und Fuß hatte. Es war aufregend, mit jemandem zu sprechen, der auf die Schwierigkeiten in unserer Beziehung mit vernünftigen Antworten reagierte. Nach ein paar Wochen war offensichtlich, daß Pat seinen Eltern und seiner Welt die Stirn bieten mußte und sich für unsere gemeinsame Zukunft zu entscheiden hatte. Ich wußte, daß ich ihn liebte und heiraten wollte. Fühlte er genauso? Zuerst erzählte ich es den Kindern, dann ein paar Freunden. Er erzählte es zuerst seiner Familie und dann einem Freund, daß er mich liebte. Unsere guten Freunde sagten, es sei jetzt für keinen von uns eine besonders günstige Zeit, eine Heirat in Erwägung zu ziehen. Ich liebte meine Freunde, fand aber, daß Freunde sich täuschen konnten. Seine Eltern mißbilligten seinen Entschluß, eine geschiedene Frau mit fünf Kindern heiraten zu wollen. Wenn er die Kirche unbedingt verlassen wollte, könnte er etwas weit Besseres anfangen, fanden sie. Wir wußten, daß nicht nur rosige Zeiten auf uns zukamen. Die Meinungen meiner Kinder waren die einzigen, die für mich zählten. Sie freuten sich für mich. Aber als die Kinder und ich seinen Eltern schließlich begegneten, akzeptierten sie uns. Meine Familie jedoch hörte auf, mich anzurufen. Sie wollte nichts mehr mit mir zu tun haben. Zur Hochzeit nähte ich den Kindern neue Kleider. Pat bekam einen neuen Anzug, ich einen neuen Rock. Es war der kälteste Tag des ganzen Januar. Es wurde eine schlichte Hochzeitsfeier. Danach wurden wir beide offiziell von der Kirche exkommuniziert. Natürlich war jetzt alles anders. Wir hatten ein neues Mitglied in unserer Familie. Die Kinder nannten ihn ganz ungezwungen Pat. Sie spielten zusammen. Vielleicht war es Schicksal gewesen. Seine Eltern sagten oft, sie hätten noch nie zuvor so wunderbare Kinder gesehen. Sie waren nicht die einzigen, die mir gegenüber äußerten, diese Kinder seien anders als andere. Ich wußte, warum sie so wunderbar waren, sagte aber nie viel dazu, weil ich das Gefühl hatte, daß ich unfähig wäre, es zu erklären. Wenn jemand mich direkt fragte, sagte ich immer, ich hätte eine Menge Dinge gelernt – Dinge, die jeder über die Erziehung von Kindern lernen könne. Und wenn ich imstande wäre, das zu lernen, so fügte ich jedesmal hinzu, könne es jeder andere auch. Leider verstanden die Leute mich meistens nicht wirklich. Sie dachten, meine Kinder wären anders, weil ich selbst entweder ein wunderbarer Mensch oder sehr glücklich wäre oder weil ich zuerst ein Mädchen bekommen hatte. Doch das waren keineswegs die Gründe. Immer wenn ich sagte „jeder muß vieles über Kinder und deren Erziehung lernen", war es zuerst ganz still im Zimmer, und dann wechselte jemand das Thema. Auch wenn es noch nicht lange her war, daß ich meine neuen Ideen und Vorgehensweisen gelernt hatte, so zeigte das offenbar schon Wirkung.

Einige Monate später weckte mich das Telefon früh am Morgen. „Mary Cecile?" O mein Gott, dachte ich. Es war Carolyn. Ich hatte nichts mehr von ihr gehört, seit Pat und ich geheiratet hatten. „Ja?"

„Tante Cecily ist gestorben, und sie hat ihr Vermögen ihren Nichten und Neffen hinterlassen. Es ist eine Menge Geld, Mary Cecile. Zu Weihnachten werden wir alle einen großen Scheck bekommen. Aber wir werden nicht das ganze Geld auf einmal bekommen. Also dann, ich muß los. Wiederhören." Ich hatte keine Ahnung, was „eine Menge Geld" bedeutete. Sie hatte nichts Genaueres gesagt. Weder hatte sie mich verflucht noch mir eine Moralpredigt gehalten. Wahrscheinlich gab es für alles eine bestimmte Zeit, dachte ich. Was mochte wohl eine Menge Geld bedeuten? Da ich nie in meinem Leben Geld besessen hatte, hatte ich keinerlei Vorstellung davon. Ich mußte abwarten. Ich erzählte Pat die Neuigkeiten. Zwei Wochen später erhielt ich einen Brief von der Morgan Trust Company in New York. In ihm stand, ich würde mehrere tausend Dollar erhalten. Ich konnte es gar nicht glauben. Ich wollte darüber nachdenken, wie ich es den Kindern erzählen würde, ohne daß sie einen falschen Eindruck bekämen. Ich beschloß, daß ich eine sehr sympathische „Reiche" sein würde. Ich schwor mir, daß ich mich deswegen niemals ändern würde. Das einzig Ärgerliche war, daß meine Mutter wieder begann, mich anzurufen. Es bestätigte die Überzeugung, die ich seit meiner frühen Kindheit gehabt hatte: Geld kann Menschen zu merkwürdigem Verhalten bringen. „Mary Cecile, hast du immer noch vor, diesen Priester zu heiraten?" Sie sagte niemals „hallo" und fragte auch nicht, wie es mir ginge. Ich war schockiert, ihre Stimme so früh am Morgen zu hören. „Ich habe ihn bereits geheiratet, Mutter", antwortete ich sanft. „Oh, Mary Cecile, wie kommt es, daß du das deiner lieben Mutter nicht erzählt hast? Ich erwiderte nichts; mein ganzes Leben zog in Sekundenschnelle vor meinem geistigen Auge an mir vorüber. Was sollte ich darauf antworten, ohne sie zu verletzen? Denn das wollte ich wirklich nicht. „Du weißt das mit dem Geld von Tante Cecily, oder?" – „Ja, Carolyn hat mich angerufen und es mir erzählt." – „Nun, dann will ich dir etwas sagen, auch wenn du glaubst, du weißt schon alles. Zuallererst – leg' es nur auf deinen Namen an. Laß den Priester da draußen. Hast du mich verstanden?" – „Ja, Mutter."

„Und dann – du weißt wohl, warum sie es so gehalten hat, oder?" – „Was wie gehalten hat, Mutter?"

„Das mit dem Geld. Der Grund ist, daß meine Schwester, nach der du benannt bist, es so hielt, damit es für mich leichter sein würde. Sie wußte, es wäre eine zu große Belastung für mich, wenn ich mich um die ganze Geldgeschichte kümmern müßte; anstatt es also direkt mir oder Tante Andrea zu geben, gab sie es euch Kindern. Aber sie wollte, daß du es gut verwaltest und dann an mich zurückgibst." – „Ich gebe dir, was du willst, Mutter. Wenn du das ganze Geld willst, dann gebe ich es dir." Und ich hätte es auch getan – wenn sie das glücklich gemacht hätte. „Jetzt klingst du wieder wie die alte Mary Cecile. Also hör' auf mich und leg' das Geld nicht in euer beider Namen an. Ich weiß, du bist momentan sehr verliebt – aber trotzdem." Ihr Tonfall war wieder spöttisch, aber das brachte mich nicht aus der Fassung. „Gut, Mutter."

„Ich möchte gar nicht, daß du mir alles gibst. Ich bin sicher, du kannst etwas davon brauchen – oder leg' es auf einem Konto an, von dem niemand etwas weiß. Und wenn deine Schwester und dein Bruder das tun, was sie sollen, wenn jeder seinen Teil gibt, dann ist alles in Ordnung. Aber wer weiß, ob Timmy es richtig verwenden wird. Möglich, daß er es nur vertrinkt. Dieser Junge braucht wirklich dringend Hilfe. Aber ich muß jetzt auflegen. Wiederhören." Ich wußte, daß Timmy schon jahrelang nicht mehr mit Mutter gesprochen hatte und auch nicht die Absicht hatte, je noch einmal etwas mit ihr zu tun zu haben. Er war nach der Szene, als er so betrunken gewesen war – und bei der ich noch ein kleines Mädchen war – nie mehr nach Hause zurückgekehrt. Ich verstand, warum.

Meine letzte Schwangerschaft war nun schon sechs Jahre her. Wir alle freuten uns auf das Kind. Maria drohte uns oft in neckendem Ton, sie würde von zu Hause weglaufen, wenn es kein Mädchen würde. Anthony erbot sich, ihr beim Packen zu helfen. „Ich habe nur Spaß gemacht", versicherte er ihr später. Joey, John, Anthony und Christopher wollten gern, daß es ein Junge würde. Ich hatte das sichere Gefühl, daß ich mittlerweile eine ganze Menge über Babys und das Stillen wußte. Ich lachte über meine Zweifel, die ich noch vor ein paar Monaten hinsichtlich einer neuen Schwangerschaft gehabt hatte, da mir nach Christophers Geburt ein Eierstock entfernt worden war. Offenbar gehörte das Schwanger-Werden nicht zu den schwierigen Dingen in meinem Leben. Ich fand meine Ehe nun fast perfekt. Die Kinder liebten Pat, ein Kind war unterwegs, und ich hatte den Eindruck, daß mein Umgang mit den Kindern vollkommen „demokratisch" geworden war. Alles schien so zu sein wie im Bilderbuch. Es war kaum zu glauben – aber von mir aus könnte es so weitergehen!

Nachwort

Natürlich ging es nicht so weiter. Aber es ging, alles in allem, gut.

Jeder Tag brachte unzählige Herausforderungen.

Jeder Tag hieß mich zu führen, ohne den Boß zu spielen.

Jeder Tag hieß mich, mit ihnen zu spielen,
sie zu leiten,
mit ihnen zu lachen und zu weinen.

Jeder Tag hieß mich, sie zu lehren, füreinander Sorge zu tragen, indem ich selbst für sie Sorge trug;
sie das Spielen zu lehren, indem ich mit ihnen spielte;
sie das Lachen zu lehren,
indem ich selbst lachte.

Jeder Tag hieß mich, sie Respekt zu lehren,
indem ich selbst sie respektierte.

Jeden Tag machte ich unzählige Fehler
und versuchte doch, den Mut aufzubringen, nicht perfekt zu sein.

Jeder Tag hieß mich, sie in das Fällen von Entscheidungen miteinzubeziehen.

Jeder Tag hieß mich, sie zu lehren, daß wir Probleme lösen würden, wenn wir zusammenhielten, wie auch immer sie aussehen mochten.

Jeder Tag hieß mich zu lernen, daß ich sie nicht vor dem Leben schützen konnte und sie daher darauf vorbereiten mußte.

Und das ist ja das Leben: lachen, lieben, schaffen, spielen, Probleme lösen und nicht aufgeben.

Leben ist ein Prozeß, in dem man Probleme löst.

Leben heißt letztlich: hoffen.

Hoffen, daß die Kinder das, was sie über das Füreinan-

der-Sorge-Tragen gelernt haben, für immer behalten werden.
Ich weiß jetzt, daß das, was ich sie lehrte, für immer in ihnen
ist.
Unsere Familie und unser Zusammenleben war genauso
wunderbar, wie das „für immer" andauert.

Mary Dalton, im Januar 2000

Orientierung im Erziehungsalltag

Nancy Fuchs
Sonne für die Kinderseele
Spiritualität im Alltag
Band 5501

Mit Kindern wachsen! Der Alltag ist nicht nur Versorgen, Ermahnen, Anstrengung und Erschöpfung. Ein Buch mit vielen Anregungen für Eltern, denen es auch um die Seele ihrer Kinder geht.

Rudolf Dreikurs/Loren Grey
Kinder lernen aus den Folgen
Wie man sich Schimpfen und Strafen sparen kann
Band 4884

Ein Erziehungsstil, der Kindern frühzeitig dazu verhilft, eigenständige Erfahrungen zu sammeln und mit Freiheit richtig umzugehen.

Dorothy Law Nolte/Rachel Harris
Heute schon dein Kind gelobt?
19 gute Regeln für Eltern
Band 4790

Kinder lernen, was sie erleben und erfahren. Mit positiven Signalen geben Eltern ihren Kindern Ermutigung, Selbstvertrauen und klare Orientierung.

Gisela Preuschoff
Was Mutter und Kind gut tut
Entspannen und verwöhnen
Band 4784

Einfach das Zusammensein genießen – mitten in der Alltagsroutine und im Familientrubel. Mal nicht „erziehen", sondern es sich gemeinsam so richtig gutgehen lassen …

Mark L. Brenner
Positiv erziehen
Konsequent bleiben, ohne autoritär zu sein
Band 4783

Wenn sie sich in ihrem Anliegen verstanden wissen und Alternativen sehen, können Kinder durchaus damit klarkommen, daß sie etwas nicht bekommen oder nicht dürfen. Brenner zeigt, wie das gelingt.

HERDER spektrum

Theo u. Julitta Schoenacker
Die Kunst, als Familie zu leben
Ein Erziehungsratgeber nach Rudolf Dreikurs
Band 4782

Kinder sind von klein an ernstzunehmende soziale Wesen. Wie man diese Anlagen entdeckt und eine entspannte Beziehung aufbaut, zeigt dieses Buch.

Ursula Henn
Entspannte Kinder – fit für's Leben
Phantasiereisen, Geschichten und Übungen zum Ruhigwerden
Band 4750

Ein Buch auch für ungeübte Eltern und Kinder – mit Anleitungen für ein neues, positives Lebensgefühl.

Trish Magee
Das Geheimnis glücklicher Eltern
52 Tips, um eine glückliche Familie zu sein
Band 4732

Wunderbare praktische Weisheiten für den Familienalltag – Trish Magee macht Lust, das Positive zu entdecken.

Theo Schoenaker/Britta Seeler-Kreimeyer (Hrsg.)
Die Antwortfee und andere Ermutigungsgeschichten
Märchen und Geschichten nach Rudolf Dreikurs
Band 4647

Kinder brauchen oft nur eine kleine Ermutigung, um sich neuen Aufgaben zu stellen oder Probleme zu lösen. Geschichten, die Kindern Mut und Vertrauen in die eigenen Fähigkeiten schenken.

Peter Veith
Eltern nehmen Kinder ernst
Die 7-Schritte-Methode zur Lösung von Familienkonflikten
nach Rudolf Dreikurs
Band 4640

Ein leicht anwendbares Programm, das hilft, in Konfliktsituationen den Bedürfnissen von Eltern und Kindern gerecht zu werden.

HERDER spektrum